Ratten

glücklich & gesund

> Autorin: **Monika Lange** | Fotos: **Christine Steimer**

Inhalt

Wohlfühl-Heim

Fit-und-gesund-Programm

Wohlfühl-Heim

Die richtige Wahl

Wenn es um Ratten als Heimtiere geht, sind die zahmen Nachkommen der Wanderratte *Rattus norvegicus* gemeint. Ratten gehören zu den Nagetieren und dort in die Gruppe der Echten Mäuse.

▶ Ihr neues Heim müssen Ratten erst einmal genau erkunden.

Den Schwanz nicht mitgerechnet sind sie etwa 20 cm lang und in der Wildform braun gefärbt. Inzwischen gibt es aber die unterschiedlichsten Zuchtformen, von zimtfarben bis blau, von einfarbig bis gescheckt (→ Seite 8–9). Den langen, dicht mit Schuppen und Borsten bedeckten Schwanz brauchen sie, um die Balance zu halten, zum Greifen beim Klettern, um ihre augenblickliche Stimmung auszudrücken und – ganz wichtig – als Temperaturregler, vergleichbar der Zunge eines Hundes.

Die scharfen Nagezähne benutzen sie, um Hindernisse zu beseitigen und zum Zerkleinern der Nahrung. Wilde Ratten fressen nicht nur Pflanzen, sondern jagen Insekten, Schnecken, Mäuse, Vögel und sogar Fische. Ratten haben übrigens eine trickreiche Hautfalte, die sie in die Lücke zwischen ihren Nage- und Backenzähnen ziehen können, damit sie nicht alles schlucken müssen, was sie zernagen.

Der Weg ins Wohnzimmer

Den Namen Wanderratten bekamen die Tiere, als sie sich von ihrer asiatischen Heimat aus auf den mittelalterlichen Handelswegen fast über die ganze Welt verbreiteten. Anpassungsfähig, vermehrungsfreudig und gewitzt machten sie sich zunächst als Schädlinge unbeliebt, wurden dann in England und Amerika in ungewöhnlichen Farbschlägen als Kuriositäten gehalten und traten schließlich auf dem traurigen Umweg über die Versuchslabors der Universitäten und Pharmafirmen den Einzug in unsere Wohnzimmer an.

Gemeinsam sind wir stark

Farbratten unterscheiden sich kaum von Wildratten, sieht man einmal davon ab, dass sie zutraulicher sind als ihre wilden Vettern und früher geschlechtsreif werden. Gemeinsam haben sie die soziale Lebensweise. Deshalb sollte man die geselligen Nager nie einzeln halten (→ Seite 10). Denn soviel wir uns auch mit ihnen beschäftigen, wir können ihnen nie die Artgenossen und die Sicherheit des Rudels ersetzen.

Aber warum sollte man sich als Rattenfan auch entgehen lassen, was ein kleines Wohnzimmerrudel an Unterhaltung so zu bieten hat? Zahm werden die Tiere trotzdem – schließlich halten auch in einem Rudel 20, 60 oder gar Hunderte von ihnen zusammen. Da macht ein Mensch mehr oder weniger nichts aus.

Als Heimtiere sind Ratten immer für Überraschungen gut, denn jedes Tier hat einen anderen Charakter. Es gibt die Schmuser, die Vorwitzigen, die Vorsichtigen, die Nimmersatten, die Tober, die Chefs und und und …. Diese Mischung ist unter anderem das Geheimnis ihrer großen Anpassungsfähigkeit: Eines der Rudelmitglieder wird mit dem anstehenden Problem schon fertig werden.

Von Ratten und Menschen

Beeindruckend ist, wie schlau sie sein können, wenn sie irgendetwas unbedingt haben wollen, etwa ein Leckerli oder den tollen Schlafplatz unterm Schrank. Mit dem Gehorchen ist es dagegen nicht so weit her. Von ihren Menschen erwarten sie, dass sie ihre

> *In Gesellschaft fällt das Eingewöhnen in die neue Umgebung leichter.*

Schlafphasen respektieren und am Abend, wenn sie am aktivsten sind, viel Zeit für sie haben, um für Auslauf und Abwechslung zu sorgen. Für einen schönen Käfig, gutes Futter und regelmäßige Pflege ist der Rattenhalter ebenfalls verantwortlich. Wenn Sie außerdem angenagte Möbel und eine Lebenswartung von nur 2 bis 2½ Jahren nicht abhalten können, dann werden Sie mit geselligen Heimtieren belohnt, die sehr ausgeprägte Persönlichkeiten besitzen und mit denen es nie langweilig wird.

CHECKLISTE

So werden Sie ein Rattenfan

Für die Haltung von Farbratten brauchen Sie:

✔ Einen Platz für einen geräumigen Käfig

✔ Ein rattensicheres Zimmer für den täglichen Auslauf (→ Seite 50)

✔ Gleichmut bei Nagespuren an Möbeln und Kleidung

✔ Zeit und Geduld, um sich jeden Tag mit den Tieren zu beschäftigen

✔ Eine Familie, in der es keine Tierhaarallergien gibt

✔ Eine zuverlässige Urlaubsversorgung

✔ Geld für den Käfig, Futter und eventuelle Tierarztkosten

Ratten
im Porträt

Welche Farbe? Am meisten Freude werden Sie mit Ihren Ratten haben, wenn Sie Ihnen tief in die Knopfaugen schauen und nach Charaktereigenschaften auswählen.

> **Bei Albinoratten** fehlen die dunklen Augenpigmente, sodass das Blut der zahlreichen Adern durchscheint und die Augen rötlich wirken.

> **Bei Haubenratten** sind Kopf und Schultern anders gefärbt als der weiße Hinterkörper. Außerdem ist ein deutlicher Rückenstreifen vorhanden.

> **Haubenratten** gibt es nicht nur mit schwarzer oder cremefarbener Haube (→ Seite 8 rechts), sondern in nahezu allen Grundfarben.

> **Sehr beliebt** sind Ratten mit hellen Farbtönen, wie dieses cremefarbene Männchen. Es gibt aber auch Ratten in schönen blauen Schattierungen.

> **Der Agouti-Farbschlag** entspricht der Wildfarbe. Bei der Fellfarbe Agouti sind die Haare an der Basis immer anders gefärbt als an der Spitze.

> **Die hübschen** schokoladenbraunen Ratten gibt es auch häufig mit weißen Füßen oder einem weißen Bauch.

> **Der Farbschlag Husky** – benannt nach den gleichnamigen Hunden – ist eine recht neue Züchtung. Die Zeichnung zieht sich über den Rücken bis auf den Oberkopf.

Augen auf beim Kauf

Beantworten Sie sich zunächst ein paar wichtige Fragen, bevor Sie zum Rattenkauf aufbrechen.

Wo gibt es Ratten?

Ratten bekommen Sie in fast jeder Zoofachhandlung sowie bei Züchtern, die sich über die Zeitung oder das Internet finden lassen. Durch die Vermehrungsfreude der Tiere warten aber auch unzählige Ratten in Tierheimen auf ein Zuhause oder stehen auf den »Notfall-Listen« der Rattenclubs (→ Seite 60).

Gerade Anfänger sollten gesunde, freundliche Tiere nehmen, denn das Aufpäppeln von kranken Ratten oder die Zähmung bissiger Tiere erfordert Erfahrung. Achten Sie beim Kauf auf folgende Dinge:

- Leben die Tiere in sauberen, geräumigen Käfigen?
- Besitzt der Anbieter Fachwissen und behandelt er die Ratten sachkundig?
- Nimmt er sich Zeit für die Beratung und geht er auf Ihre Fragen ein?
- Können Sie die Tiere in Ruhe aussuchen?

Bitte belohnen Sie tierquälerische Geschäftspraktiken nicht mit Mitleidskäufen! Andernfalls erleidet die nächste Rattengeneration genau das gleiche Schicksal.

Wie viele Tiere?

Auch der liebevollste Mensch kann einer Ratte nicht die Artgenossen ersetzen. Daher sollten Sie mindestens zwei Tiere halten. Der Arbeitsaufwand ist nicht höher und der Grad der Zahmheit hängt immer von der Persönlichkeit des Tieres ab, nicht von der Gruppengröße. Bei der Haltung mehrerer Ratten werden Ihre Pfleglinge Sie mit possierlichen Verhaltens-

Gesunde Ratten haben ein glänzendes Fell und glänzende Augen.

TIPP

Die neuen Mitbewohner aussuchen

- Suchen Sie Ihre Ratten abends aus, weil die Tiere dann aktiv sind.
- Nehmen Sie Weibchen nur dann, wenn die Nager nach Geschlechtern getrennt gehalten werden.
- Bieten Sie selbst einmal die Hand zum Schnuppern an, um zu sehen, welche Ratte Sie gut riechen kann.
- Begleiten Sie Ihre Kinder zum Rattenkauf. Laut Gesetz dürfen Ratten nicht an Kinder unter 16 Jahren abgegeben werden.

> *Ein Duo sollte es schon sein, aber nicht unbedingt ein Pärchen, sonst ist Nachwuchs vorprogrammiert.*

weisen belohnen, die Sie bei einer Einzelratte niemals zu sehen bekämen.

Männchen oder Weibchen?

Tendenziell kann man sagen, dass Weibchen lebhafter sind als Männchen, nicht so viel markieren und weniger um die Stellung im Rudel kämpfen (→ Seite 27), dafür aber nagefreudiger sind.
Wichtig ist es, die Geschlechter getrennt zu halten, weil sich die Tierchen sonst sehr, sehr schnell vermehren. Eine gemeinsame Haltung ist nur möglich, wenn die Männchen

kastriert werden. Doch Vorsicht: Sie sind einige Wochen nach der Operation immer noch zeugungsfähig!

Welches Alter?

Jungratten können erst ab der 5. bis 6. Woche von der Mutter getrennt werden, weil es sonst zu körperlichen Fehlentwicklungen und Verhaltensstörungen kommen kann. In diesem Alter lässt sich jetzt auch die Geschlechtsbestimmung sicher vornehmen, weil die Hoden der Männchen und die Zitzen der weiblichen Tiere nun deutlich sichtbar werden.

CHECKLISTE

Eine gesunde Ratte erkennen

✔ Das Tier ist lebhaft, neugierig und freundlich

✔ Es hat glattes, gepflegtes Fell und keine kahlen Stellen

✔ Es hat glänzende Augen

✔ Nase, Augen und After sind nicht verklebt oder verschmiert

✔ Die Ohren haben keine rötlichen Krusten (Hinweis auf Parasitenbefall)

✔ An Krallen und Zähnen lassen sich keine Fehlstellungen erkennen

✔ Wenn das Tier ruhig ist, sind keine Nebengeräusche beim Atmen zu hören und die Flanken heben und senken sich nicht übermäßig

Das richtige Zuhause für Ratten

Zahme Ratten werden den größten Teil ihres Lebens im Käfig verbringen. Je mehr Platz und Bewegungsfreiheit Sie dort haben, um so besser. Die Behausung für zwei Ratten sollte mindestens 70 cm breit, 45 cm tief und 80 cm hoch sein.

> Kletterseile machen den Käfig für Ihre Ratten sehr viel interessanter.

Das beste Rattenheim ist ein Gitterkäfig

Die Auswahl an speziellen Rattenkäfigen ist leider nicht sehr groß, aber besonders Streifenhörnchen-Behausungen lassen sich sehr gut zu einem Rattenheim umfunktionieren. Ebenfalls geeignet sind Chinchilla- oder Papageienkäfige, wobei Sie allerdings auf den Abstand der Gitterstäbe achten müssen. Er sollte nicht größer als 1 bis 1,5 cm sein, sonst gehen besonders Jungtiere schnell auf Wanderschaft: Wo der Kopf durchpasst, lässt sich auch der Rest durchzwängen. Wenn Sie sich im Zoofachhandel umschauen, werden Sie feststellen, dass der Käfig die teuerste Anschaffung für die Rattenhaltung ist. 50 bis 100 Euro kann er schon kosten, aber Sie investieren

das Geld in die Gesundheit und das Wohlbefinden der Tiere und erhalten sich so die Freude an ihnen.

Wichtige Merkmale eines guten Käfigs sind:
➤ eine tiefe Wanne für die Einstreu
➤ rostfreie Gitterstäbe
➤ zweckmäßig angebrachte Türen, damit Sie immer alle Bereiche des Käfigs »im Griff« haben, etwa um die Ratten zu erreichen oder um die Behausung zu reinigen.
Zu Transportzwecken, aber auch um kranke Tiere von der Gruppe trennen zu können (→ Seite 47), lohnt sich die Anschaffung eines kleineren Zweitkäfigs.

(→ Seite 47)

TIPP

Der richtige Käfigstandort

Für das Rattenheim brauchen Sie:

➤ Ein zugfreies, etwa 20 °C warmes Nichtraucherzimmer, das den Tieren die Möglichkeit gibt, am Familienleben teilzuhaben

➤ Einen erhöhten Platz, der Sicherheit vermittelt und das Beobachten erleichtert

➤ Einen Standort, an dem der Käfig nicht in der Sonne oder an der Heizung steht, aber auch nicht neben einem Lautsprecher oder dem Fernseher

Ungeeignete Behausungen

Hamsterkäfige sind für die Rattenhaltung absolut ungeeignet – die meisten sind sogar für Hamster zu klein. Gleiches gilt für Plastiklaborkäfige (zu niedrig, zu klein) und für Aquarien bzw. Terrarien. In Aquarien ist die Belüftung so schlecht, dass die empfindlichen Atemwege der Ratten leicht Schaden nehmen können; außerdem haben die Tiere keinen ausreichenden Kontakt zur Außenwelt und viel zu wenig Klettermöglichkeiten.

Kletterspaß auf mehreren Ebenen

Um den Käfigraum voll auszunutzen, gehören in jeden Käfig mehrere Kletterebenen. Allerdings darf es sich dabei nicht um Gitterroste handeln, denn diese sind häufig Ursache für den so genannten »Bumblefoot« – eine langwierige Entzündung des Fußballens (→ Seite 43). Gut geeignet sind Ebenen aus beschichtetem bzw. mit ungiftigem Lack behandeltem Holz, oder man beklebt das Material mit Gummimatten (erhältlich bei Autozubehör im Baumarkt).

> *Ratten interessieren sich für alles, was in ihrer Umgebung vorgeht, und wollen auch am Familienleben teilhaben.*

Die Ebenen lassen sich mit Schraubhaken so am Gitter befestigen, dass sie fest sitzen und zum Reinigen dennoch leicht ausgehakt werden können. Achten Sie darauf, dass die Tiere durch Hängematten (→ Seite 52) vor tiefen Stürzen geschützt sind. Verbinden Sie die Ebenen mit Rampen, Leitern und Kletterseilen, wobei Rampen besonders für ältere Ratten, die sich nicht mehr an Gittern und Seilen durch den Käfig hangeln können, wichtig sind.

Wohlfühl-Ausstattung

Nachdem Sie einen Käfig ausgesucht haben, müssen Sie ihn noch zweckmäßig »möblieren« – erst dann kann die Rattenschar einziehen.

Einstreu

Einstreu muss saugfähig sein, um Urin aufzunehmen, aber auch staubfrei – schließlich befindet sich eine Rattennase meistens direkt über dem Boden. Handelsübliche Sägespäne verursachen bei einigen Ratten heftiges Niesen. In diesem Fall sollten Sie sich im Zoofachhandel nach den neuartigen Produkten auf Papier-, Hanf- oder Maisblattbasis umschauen. Praktisch für die Reinigung ist es, zusätzlich einige Lagen Zeitungspapier unter die Einstreu zu legen. Ihre Ratten werden diese klein reißen und dadurch entsteht eine zusätzliche Einstreu. Auf Heu sollten Sie besser verzichten, damit keine Parasiten eingeschleppt werden können.

Futternapf

Der Futternapf sollte aus Keramik oder einem anderen, schweren Material bestehen, damit er nicht so leicht umkippt, denn Ratten hocken sich beim Fressen gern auf den Napfrand. Besonders bei größeren Gruppen brauchen Sie mehrere Näpfe.

Schlafhäuschen

Neben handelsüblichen Schlafhäuschen (→ Abbildung) können auch umge-

> *Staubfreie Einstreu schont die empfindlichen Atemwege der Ratte.*

CHECKLISTE

Habe ich an alles gedacht?

✔ Ist ein kleiner Transportkäfig vorhanden, um die Ratten ausbruchsicher in ihr neues Zuhause bringen zu können?

✔ Steht ein geeigneter Käfig mit staubfreier, unparfümierter Einstreu bereit?

✔ Wurde ein fester Platz für die Behausung ausgewählt, an dem die Ratten weder allzu hohen Temperaturschwankungen noch Lärm oder Zugluft ausgesetzt sind?

✔ Steht der Käfig nicht in der direkten Sonne oder sehr nah an der Heizung?

✔ Sind Schlafhäuschen aus Holz oder Ton vorhanden?

✔ Wurden – je nach Käfiggröße – eine oder mehrere Wasserflaschen angebracht?

✔ Sind genügend Näpfe vorhanden?

✔ Sind Kletterebenen und Hängematten (→ Seite 52) eingezogen?

✔ Haben die Tiere ausreichend geeignetes Nestmaterial zur Verfügung, beispielsweise unbedrucktes Haushaltspapier?

✔ Ist Spielzeug zum Erkunden, Klettern und Austoben vorhanden?

1 Trinkflasche

Damit Ihre Tiere täglich frisches Wasser zur Verfügung haben, sind Nippeltränken mit Metallröhrchen, die mit einer Kugel verschlossen sind, am praktischsten. Offene Wassernäpfe werden dagegen ständig mit Streu zugebuddelt und der Käfig wird nass (→ Seite 54, Wasserspiele), was sehr ungesund ist.

2 Schlafhäuschen

Als Höhlenbewohner möchten sich Ihre Ratten zum Schlafen in ein Versteck zurückziehen können. Handelsübliche Häuser für Kaninchen oder Meerschweinchen haben die für Ratten richtige Größe. Sie können aber auch Sittichkästen verwenden, die den Vorteil besitzen, dass sie sich ans Gitter hängen lassen.

drehte Blumentöpfe, aus denen man ein Stück herausbricht (Kanten mit Sandpapier glätten) oder Pappkartons zum Einsatz kommen. Selbst wenn bei Ihnen alle Tiere in einem einzigen Häuschen schlafen, sollten Sie mehrere Unterkünfte anbieten, denn die Vorlieben wechseln und manchmal müssen sich Ratten auch einmal aus dem Weg gehen können.

Nestmaterial

In der Natur werden die Nesthöhlen sorgfältig mit Gras oder Tierhaaren gepolstert.

Heu und Stroh können bei Ratte und Mensch allerdings nicht nur Heuschnupfen auslösen, sondern es besteht auch die Gefahr, dass Parasiten eingeschleppt werden (→ Seite 43). Schließlich stammt das Material ja von Wiesen und Feldern, auf denen sich zahlreiche wilde Nager tummeln.

Das wohl unkomplizierteste Nestmaterial sind unbedruckte Haushaltstücher oder Toilettenpapier. Beides wird mit Hingabe zerkleinert und wenn man es zulässt, wickeln sie schnell eine ganze Toiletenrolle ab. Ungeeignet ist Hamsterwolle, weil die langen Baumwollfäden leicht Extremitäten abschnüren.

Toilette

In einem ausreichend großen Käfig werden Ihre Ratten sich häufig bestimmte Stellen als Klo-Ecken aussuchen. In solchen Ecken können Sie eine Schale mit Sand oder nicht klumpender Katzenstreu aufstellen. Sollten Ihre Tiere diese annehmen, ist es einen Versuch wert, ihnen eine ähnliche Schale auch beim Freilauf anzubieten.

Fragen rund um Anschaffung und Käfig

❓ Ich soll beim Züchter einen Kauf- und Schutzvertrag unterschreiben. Was bedeutet das?
Ein Kaufvertrag mit einem Züchter oder Zoofachhändler garantiert Ihnen, dass das Tier gesund ist. Achten Sie auf einen Passus, der Ihnen das Recht einräumt, den Nachwuchs zurückzubringen, falls ein Weibchen beim Kauf schon trächtig war. In einem Schutzvertrag sind Bedingungen festgeschrieben, unter denen das erworbene Tier gehalten werden muss. Zusätzlich ist dort häufig auch das Recht verbrieft, dass der Züchter das Tier zurückfordern kann, wenn es nicht den Vereinbarungen gemäß gehalten wird.

❓ Sind Ratten Krankheitsüberträger?
Es gibt tatsächlich bestimmte Krankheiten und Parasiten, die von Ratten auf Menschen und umgekehrt übertragen werden können. Dazu müssen die Ratten natürlich zuvor mit der entsprechenden Krankheit in Kontakt gekommen sein, wobei sich die Frage stellt, wie sie sich in ihrem Wohnzimmer beispielsweise mit Hantaviren oder Leptospirose infizieren sollen? Möglich ist das im Grunde nur, wenn die Krankheiten von außen eingeschleppt werden, etwa durch Heu (→ Seite 15), andere Haustiere oder auch durch den Kontakt mit Wildnagern, wenn der Käfig z. B. auf der Terrasse steht. Viel wahrscheinlicher ist es aber, dass Sie Ihre Ratten mit Schnupfen oder Halsentzündung (Streptokokken) anstecken.

❓ Kann mein Vermieter mir die Haltung von Ratten verbieten?
Grundsätzlich hat ein Vermieter keinen Einfluss auf die Haltung von Kleintieren, egal was im Mietvertrag steht. Ratten sind aber leider im Moment noch eine Ausnahme. Ihre Haltung kann untersagt werden, wenn sich beispielsweise Mitbewohner des Hauses beschweren.

Versteckmöglichkeiten sollten in jedem Rattenheim reichlich zur Auswahl stehen.

? **Ich habe eine Einzel-ratte und möchte jetzt weitere dazusetzen. Wie mache ich das?**

Da Ratten ein gemeinsames Revier bewohnen, werden fremde Ratten erst einmal angegriffen, um sie zu vertreiben. Neuankömmlinge müssen deshalb schrittweise eingewöhnt werden. Mehr zu diesem Thema finden Sie auf den Seiten 26 und 27.

? **Gibt es Zuchtformen, von denen man besser abraten sollte?**

Züchter können Haustiere anscheinend nicht so belassen wie sie sind. Leider wird bei den »Verbesserungsversuchen« vor allem auf äußerliche Merkmale geachtet und weit weniger auf Charaktereigenschaften oder Gesundheit. So entstehen immer wieder Zuchtformen wie Rexratten mit krausem Fell, denen die Wimpern ins Auge wachsen und deren gekräuselte Barthaare die Orientierungsmöglichkeit einschränken. Außerdem gibt es schwanzlose Ratten, die mit krankhaften Veränderungen des Skeletts zu kämpfen haben und denen natürlich auch der wichtigste Temperaturregler fehlt sowie

Nackt- und Dumboratten, die in die gleiche Kategorie fallen. Ebenfalls mit Problemen belastet sind rotäugige Ratten. Sie sehen sehr schlecht, schwenken häufig den Kopf hin und her, um besser fokussieren zu können und erblinden nicht selten sehr früh.

? **Ich habe gehört, dass man Ratten nicht unbedingt im Käfig halten muss. Stimmt das?**

Es gibt Rattenhalter, die ohne Käfig auskommen. Ich persönlich bin kein Fan davon. Ratten, die ständig unbeaufsichtigt in der Wohnung leben, schweben in größerer Gefahr verletzt zu werden und sie entkommen auch leichter. Berücksichtigen muss man außerdem das Hygieneproblem, ganz abgesehen davon, dass die Wohnungseinrichtung ordentlich zernagt wird. Außerdem brauchen die Tiere einen sicheren »Bau« und genau das ist der Käfig mit seinen Schlafhäuschen für Ihre Ratten. Sollte die Anschaffung des Käfigs eine Kostenfrage sein, würde ich mich lieber nach einer gebrauchten Behausung umschauen oder einen Eigenbau versuchen.

17

Kennenlern-Programm

Die Ratten ziehen ein

Im neuen Zuhause muss alles für Ihre Tiere bereit stehen, also Käfig mit Einstreu, Häuschen, Fressnapf, Wasserflasche und Futter (→ Seite 38). Es empfiehlt sich, die Einrichtung am Anfang noch einfach zu halten – wenig Spielzeug, nur ein Häuschen –, weil das den Ratten die Eingewöhnung leichter macht und die Kontaktfreude mit den Menschen fördert.

Die Heimfahrt

Um unnötigen Stress zu vermeiden, sollten Sie den Heimweg ohne Umwege antreten. Schützen Sie die Tiere vor Kälte, Hitze und Zugluft. Ein Plastikkäfig hält den scharfen Zähnen besser stand als ein Pappkarton.

Die Ankunft

Für Ratten ist der Umzug weit weniger spannend als für den Halter, der sich ja auf die Tiere freut. Schließlich ist es ziemlich beängstigend, aus dem vertrauten Rudel und dem bekannten Revier gerissen zu werden, ganz abgesehen davon, dass im neuen Zuhause völlig neue Geräusche und Gerüche auf die verunsicherten Neuankömmlinge warten.

Gönnen Sie Ihren Ratten deshalb erst einmal ein paar Ruhestunden, in denen sie ihr neues Revier erforschen und sich überzeugen können, dass ihnen keine Gefahr droht. Wenn die Tiere gefressen und das erste Mal in ihrem neuen Haus geschlafen haben, kann man mit der Gewöhnung an den Menschen beginnen.

Eingewöhnung Schritt für Schritt

Die Handfütterung, die auf den Bildern dieser Seite vorgestellt wird, gehört zu den einfachsten Methoden der Zähmung. Ihr liegt zugrunde, dass Ratten ihren Menschen als eine Mischung aus dominanter Überratte und Muttertier betrachten. Allerdings

> *Ratten sind sehr neugierige Tiere, was die Zähmung in der Regel ganz beträchtlich erleichtert.*

gibt es immer wieder Ratten, die diese Dominanz in Frage stellen. Sie grabschen gierig nach dem Futter in der Hand und beißen unter Umständen sogar – benehmen sich also genauso, als wenn sie einer unterlegenen Ratte das Futter stehlen würden.

Bei diesen Ratten muss man klarstellen, wer der »Boss« ist (→ Seite 33) und auf die Fütterung aus der Hand verzichten. Bieten Sie stattdessen die Hand im Käfig ohne Futter zum Schnuppern an und lassen Sie sie von sich auf die Hand klettern. Heben Sie die Ratte dann sanft hoch (im Käfig), bis sie keine Angst mehr zeigt und setzen Sie sich anschließend mit ihr auf einen frei stehenden Stuhl. Jetzt darf sie ihren Menschen erkunden, bis sie allmählich ihre Scheu verliert.

Ängstliche Ratten

Bei Ratten, die sehr scheu sind, muss der Mensch die Initiative ergreifen, da Ratten bei mangelndem Kontakt schnell immer ängstlicher und sogar bissig werden. Holen Sie die Ratten vorsichtig aus dem Häuschen und machen Sie so weiter wie oben beschrieben.

Sich vorstellen

Ihre Ratte sollte wach und aktiv sein. Bieten Sie Ihr als Erstes die Hand durch die geöffnete Tür zum Schnuppern an. Die Tiere lernen so Ihren persönlichen Geruch kennen.

Futter anbieten

Halten Sie dem Tier etwas Futter hin. Falls es versucht, Ihre Hand zu beknabbern, ziehen Sie die Finger weg und wehren sich mit einem »Nein«. So lernt die Ratte, wo das Futter aufhört und Sie anfangen.

Futteretikette

Bieten Sie nur sehr kleine Futterstückchen an und berücksichtigen Sie alle Ratten gleichermaßen, um Futterneid zu vermeiden. Nach und nach werden die Ratten sich immer weiter vorwagen und irgendwann ihre Scheu verlieren.

Vertrauen gewinnen

Nun können Sie die Ratte vollständig aus dem Käfig locken oder einfach hochnehmen (→ Seite 22). Finden Sie heraus, wo sie gerne gestreichelt wird. Völlig entspannt wird das Tier vielleicht anfangen sich auf Ihrem Schoß zu putzen.

Die neue Familie

Sind Ihre neuen Pfleglinge erst einmal im neuen Zuhause angekommen, müssen sie sich nun zwischen Kleinkind und Großmutter, Hund und Goldfisch in ihre zukünftige Familie einfügen.

> Ihren Freilauf sollten Ratten besser ohne andere Haustiere genießen.

Ratten und Kinder

Ratten sind gute Familientiere, denn sie lieben das Leben in Gruppen, werden zahm, lassen sich zum Spielen animieren und können auch mal mit herumgetragen werden. Daher eignen sie sich gut für Kinder, die mit den vergleichsweise großen Nagetieren oftmals besser umgehen können als mit einer kleinen Maus oder einem Hamster.

Geben Sie Ihren Kindern einen »Einführungskurs Ratte«: So hebt man sie hoch; hier mag sie gestreichelt werden; nicht erschrecken, wenn sie in der Kleidung verschwindet; nicht beim Schlafen stören etc. Vorsicht ist bei Kleinkindern geboten, denn sie greifen normalerweise noch viel zu fest zu. Die Folgen sind nicht selten verletzte Ratten oder Bisswunden an Kinderhänden. Daher sollte man die Tiere selbst auf die Hand nehmen und die Kinder streicheln lassen.

Jeder macht mit

Haustiere können in Kindern viele gute Eigenschaften wecken, etwa Einfühlungsvermögen, Beobachtungsgabe, Entdeckerfreude und Beschützerinstinkte. Allerdings ist es wichtig, die Kinder nicht zu überfordern, denn falls etwas schief geht, wird die negative Erinnerung haften bleiben. Das viel zitierte Verantwortungsgefühl lernen sie so nicht, das müssen

---

TIPP

Ratten richtig auf die Hand nehmen

➤ **Absolutes Tabu:** Eine Ratte am Schwanz hochheben! Damit fügt man der Ratte große Schmerzen zu; außerdem kann der Schwanz brechen oder die empfindliche Haut abreißen.

➤ **Richtige Handhabung:** Greifen Sie der Ratte mit einer Hand unter den Bauch bzw. die Brust, heben Sie das Tier hoch und setzen sie es auf die flache Hand, wobei Sie diese am besten an den Körper ziehen. Mit der anderen Hand halten Sie die Ratte fest und streicheln oder füttern sie.

Kinder sich von ihren Eltern abschauen. Viel besser ist es, wenn stattdessen jeder eine seinem Alter entsprechende Aufgabe übernimmt, beispielsweise die Wasserflasche auffüllen (→ Seite 47), Nageäste besorgen (→ Seite 38), Auslauf beaufsichtigen (→ Seite 50) usw.

Andere Haustiere

Als Mitbewohner für andere Haustiere sind Ratten leider nicht in jedem Fall geeignet. Sie haben einen ausgeprägten Jagdinstinkt und betrachten kleine Tiere wie Hamster, Mäuse, Gerbile oder Kleinvögel oft als Beute. Und selbst wenn Sie Ihrem Kleinzoo getrennte Auslaufzeiten zuweisen, sollten Sie sicherstellen, dass Ihre Ratten andere Käfige nicht erreichen können und umgekehrt. Ein neugieriger Wellensittich, der auf einem Rattenkäfig landet, büßt oft nicht nur seine Schwanzfedern ein!

Größere Nagetiere: Große Nager wie Kaninchen und Meerschweinchen werden die meisten Ratten in Ruhe lassen. Aber auch hier sollte man ein wachsames Auge auf die Tiere haben, besonders weil die geschmeidigen

> *Ratten wollen in der Familie überall dabei sein – selbst für Bücher interessieren sie sich.*

Ratten leicht durch die Gitterstäbe der Kaninchen- oder Meerschweinchenkäfige schlüpfen können, um dann die Bewohner zu belästigen oder den Napf leer zu räubern. Übrigens ist das hohe Quieken der sangesfreudigen Meerschweinchen für Rattenohren ziemlich unangenehm, sodass sie ihnen als Nachbarn nicht gerade besonders willkommen sind.

Hunde, Katzen, Papageien: Die kleinen Nager können selbst bei Hunden und Katzen, die an die Ratten gewöhnt sind, durch eine plötzliche Bewegung Jagdinstinkte

auslösen. Auch Papageien, die zumeist gern der Boss im Haus sind, können mit einer Ratte kurzen Prozess machen. Daher gilt: Stets wachsam sein und die Heimtiere nie unbeaufsichtigt in einem Raum lassen.

Zierfische: Manche Ratten sind gute Fischfänger! Gefährdet sind aber nicht nur die Aquarienfische, sondern auch die Nager selbst, da sie beim Versuch, die Fische zu fangen, leicht ins Becken fallen können und dann ertrinken, weil die glatten Wände das Herausklettern unmöglich machen.

Die Welt aus Rattensicht

Auch wenn Ratten ähnliche Sinnesorgane haben wie wir Menschen, sieht die Welt für sie in vieler Hinsicht doch ganz anders aus.

Sehen

Die netten Knopfaugen der Ratten ermöglichen ihnen

> Junge Ratten beginnen sehr früh, die Welt zu erforschen.

eine fast völlige Rundumsicht. Das ist für die kleinen Tiere sehr wichtig, denn sie haben am Boden und aus der Luft viele Feinde zu fürchten. Aber auch Bewegungen können Ratten recht gut erkennen.

Das räumliche Sehen ist dagegen nicht so gut entwickelt. Darum verschätzen sich Ratten auch schon einmal beim Springen. Ähnlich schlecht ist die Nahsicht, besonders, wenn es sich um unbewegte Objekte handelt, sodass sich die Tiere auch hier mehr auf ihre anderen Sinne verlassen.

Riechen

Ratten sind ausgesprochene Nasentiere. So erkennen sie nicht nur alle Rudelgenossen am Geruch, sondern auch »ihre« Menschen. Aber auch Gegenstände der unterschiedlichsten Art und natürlich alles Fressbare werden zunächst einmal mit der Nase genau untersucht.

Außerdem grenzen Ratten ihr Revier mit Hilfe von Duftmarken ganz genau ab und sie können durch ihren Duft sogar Botschaften übermitteln. So verrät ihnen ihre feine Nase beispielsweise, ob ein Weibchen im Moment gerade fortpflanzungsbereit ist oder nicht.

Hören

Ratten verständigen sich zu einem großen Teil durch für uns unhörbare Ultraschalltöne. Sie haben hochfrequente Kontaktrufe, Aggressions- und Beschwichtigungslaute; außerdem gibt es die speziellen Rufe der noch hilflosen Rattenbabys. Da wir an dieser Kommunikation nicht teilhaben können, ist es auch nicht möglich, einer Einzelratte den Partner gleichwertig zu ersetzen.

Für uns hörbare Laute geben Ratten nur von sich, wenn sie vor Angst oder Schmerzen quieken. Ab und zu lernt die eine oder andere pfiffige Ratte aber auch, dass sie sich durch ihr Quieken Aufmerksamkeit verschaffen kann und quiekt dann häufig auch ohne Not.

Schmecken

Ratten können mindestens so gut schmecken wie wir – sehr wahrscheinlich sogar besser, denn Geschmack und

> *Was hast du nur Leckeres gefressen, dass du so gut riechst. Gibt es davon vielleicht auch noch etwas für mich?*

Geruchssinn sind eng verbunden. Daher sind die Tiere beim Futter manchmal auch sehr wählerisch. Was eine Ratte des Rudels liebt, lässt die andere vielleicht links liegen. Und genau wie bei uns, ist natürlich nicht alles gesund, was die Tiere am liebsten fressen. Rattenbabys schmecken schon in der Muttermilch, was die Mutter gern frisst. Und da sie außerdem bei der Entwöhnung gezeigt bekommen, was fressbar ist und was nicht, entstehen bereits sehr früh im Leben Vorlieben für bestimmte Futtersorten.

Tasten

Die empfindlichen Barthaare sind für Ratten außerordentlich wichtig, denn mit ihnen können sie sich im Dunkeln orientieren, beispielsweise in ihrem unterirdischen Bau, aber auch im Zwielicht der Dämmerung, wenn sie besonders aktiv sind.
Der Tastsinn spielt zudem eine wichtige Rolle im Sozialleben. Ratten fühlen sich nur richtig wohl, wenn sie auf einem Haufen liegen können, die Bewegungen der anderen spüren und den gegenseitigen Zusammenhalt durch Fellpflege stärken.

CHECKLISTE

Regeln für den richtigen Umgang

Da Ratten viele Dinge anders empfinden als Menschen, sollten Sie folgende Dinge unbedingt berücksichtigen:

✔ Ratten erkennen Sie am Eigengeruch: Vermeiden Sie den Geruch von stark riechenden Seifen oder Lebensmitteln an Ihren Händen.

✔ Ratten brauchen ihren Käfiggeruch zur Orientierung. Verwenden Sie daher auf keinen Fall parfümierte Einstreu oder ein Käfig-Deo.

✔ Da Ratten für uns unhörbare Töne wahrnehmen können, besteht die Gefahr, dass ihren Ohren bestimmte Frequenzen von Fernseher oder Stereoanlage wehtun.

Revierverhalten

Ratten leben in Revieren, die – abhängig vom Futterangebot – ganz unterschiedlich groß sein können. Jedes Revier besteht aus dem Kernbereich Bau sowie einem weitläufigeren Territorium, das von vielen Pfaden durchzogen ist. Dem Kernrevier entspricht bei den Farbratten der Käfig – er ist also kein Gefängnis, sondern ein sicheres Zuhause.

Straßensystem: Die Pfade im Revier werden besonders von den männlichen Ratten markiert, die dafür Drüsen an den Flanken besitzen. Diese Wege, denen alle Mitglieder des Rudels folgen, führen zu den Futterquellen oder auch zu den Eingängen des gemeinsamen Baus.
Die Duftdrüsen der Männchen verkleben häufig das Rückenfell. Dagegen kann

man nicht viel tun – Baden macht das Ganze jedenfalls nur noch schlimmer.
Neuigkeiten: Die Pfade werden normalerweise jeden Tag kontrolliert, wobei wilde Ratten jede Veränderung im Revier zunächst einmal mit extremem Misstrauen betrachten. So wird unbekanntes Futter anfangs in kleinsten Mengen probiert und erst akzeptiert, wenn es keine Bauchschmerzen verursacht. Auf Neuerungen in ihrem Revier reagieren zahme Ratten – je nach Persönlichkeit – von äußerst misstrauisch bis begeistert.
Passwortkontrolle: Besonders die Männchen verteidigen das Revier des Rudels gegen fremde Ratten. Normalerweise laufen diese Begegnungen nach einem festgelegten Schema ab. Zuerst versuchen sich die Gegner mit gesträubtem Fell, Buckel und Zähneraspeln einzuschüchtern. Räumt keiner das Feld, schlagen sich die Kontrahenten mit den Hinterpfoten, tragen Boxkämpfe aus oder beißen.

> *So vertrauensvoll gehen nur Ratten miteinander um, die einem gemeinsamen Rudel angehören.*

Der Unterlegene flieht schließlich oder wirft sich auf den Rücken. Nach dem gleichen Muster laufen auch die Rangkämpfe innerhalb des Rudels ab, die ebenfalls besonders von Männchen ausgetragen werden. Generell sind Ratten untereinander aber sehr friedfertig.

Neue Ratten integrieren

Das Revierverhalten macht es gar nicht so einfach, neue Ratten in eine bestehende Gruppe zu integrieren oder einer Ratte den verlorenen Partner zu ersetzen. Wichtig ist in einem solchen Fall vor allem Geduld, aber auch dann gibt es leider keine hundertprozentige Garantie dafür, dass der Versuch gelingt. Zunächst einmal müssen die Neuankömmlinge in einem gesonderten Käfig leben. Der sollte in Schnupper-, aber keinesfalls in Beißweite neben dem Käfig mit den alteingesessenen Tieren stehen. Nach ein paar Tagen werden die Tiere auf »neutralem Boden« zusammengesetzt, z. B. in der Badewanne. Ein wenig Futter und noch nicht markiertes Spielzeug können von der kritischen Situation ablenken. Halten Sie aber

Wie gut kennen Sie Ihre Ratte?

	Ja	Nein
1. Sind Klettergeräte das Wichtigste für eine Ratte?	☐	☐
2. Zuckt ein Weibchen mit den Ohren, wenn es paarungsbereit ist?	☐	☐
3. Ist Obst schädlich für Ratten?	☐	☐
4. Markieren Weibchen mehr als Männchen?	☐	☐
5. Ist ein Weibchen noch am Tag der Geburt wieder fortpflanzungsfähig?	☐	☐
6. Können Ratten besonders gut riechen?	☐	☐
7. Dient der Rattenschwanz zur Regulation der Körpertemperatur?	☐	☐
8. Stammen unsere Farbratten von der Hausratte ab?	☐	☐
9. Können Ratten bis zu sieben Jahre alt werden?	☐	☐

Auflösung:
1: Nein, das Rudel; 2: Ja; 3: Nein, nur Zitrusfrüchte bekommen ihnen nicht gut; 4: Nein, Männchen markieren mehr; 5: Ja; 6: Ja; 7: Ja; 8: Nein, von der Wanderratte; 9: Nein, leider nur 2 bis 2½ Jahre.

vorsichtshalber einen kleinen Kehrbesen oder ähnliche Hilfsmittel bereit, um Streithähne notfalls ganz schnell trennen zu können.

Wohngemeinschaft

Den gemeinsamen Auslauf muss man so oft wiederholen, bis die Ratten sich zuverlässig vertragen. Erst dann kann man sie in einem Käfig zusammensetzen. Der muss

dafür aber unbedingt sauber geschrubbt und völlig neu eingerichtet werden, damit ein für alle neutrales Territorium ohne alte Duftmarken entsteht.
Trotzdem ist am Anfang noch mit Raufereien und Rangkämpfen zu rechnen; trennen müssen Sie die Tiere aber nur, wenn die Streitigkeiten zu heftig werden und Bisswunden auftreten.

Verhaltensdolmetscher
Ratten

Kennen Sie die Rattensprache? Hier erfahren Sie, was Ihre Tiere mit ihrem Verhalten ausdrücken möchten **?** und wie Sie richtig darauf reagieren **➡**.

> Ratten beschnüffeln sich häufig gegenseitig.
>
> **?** Die Tiere erkennen sich am Duft der Kopf- und Afterdrüsen.
> **➡** Da Ratten auch Sie am Geruch erkennen, sollten Sie ihnen immer zuerst die Hand zum Schnuppern anbieten.

> Ratten putzen sich bis zu sechsmal am Tag von Kopf bis Fuß.
>
> **?** Körperpflege ist ein Wohlfühlverhalten. Es findet statt, wenn die Tiere sich sicher und entspannt fühlen.
> **➡** Lassen Sie den Ratten beim Putzen möglichst ihre Ruhe.

Die Nase in der Luft erschnüffeln Ratten ihre Umgebung.

? Der gute Geruchssinn liefert ihnen zahlreiche Informationen.

→ Wegen ihrer empfindlichen Nase sollten Ratten nicht in verrauchten Zimmern leben.

Ratten betreiben eine intensive gegenseitige Fellpflege.

? Dieses Verhalten stärkt den Zusammenhalt unter den Mitgliedern der Gruppe.

→ Streicheln ist die menschliche Form der gegenseitigen Fellpflege.

Die meisten Ratten sind ausgezeichnete Kletterer.

? Das kann helfen sich in Sicherheit zu bringen oder an Futter zu gelangen.

→ Auch im Käfig gehaltene Tiere sollten diesen Trieb ausleben können.

Entspannt sitzen diese beiden Ratten beieinander.

? Entspannte Ratten raspeln manchmal mit den Zähnen.

→ Zähneraspeln beim Streicheln heißt: Mehr! Mit gesträubtem Fell dient es als Drohung!

29

Rattennachwuchs

Ratten sind nicht nur sehr vermehrungsfreudig, sondern sie kümmern sich auch liebevoll um ihre Jungen.

Paarung
Rattenweibchen sind ungefähr alle vier Tage für zwölf Stunden paarungsbereit.

> *Rattenjunge sind neugierige und unternehmungslustige kleine Racker.*

Wenn man sie in dieser Zeit an den Flanken streichelt, machen sie sich lang und flattern mit den Ohren. Trifft ein Männchen auf ein paarungs-williges Weibchen, findet eine Scheinjagd statt, bevor sich die Tiere dann mehrmals kurz miteinander paaren. Da es bei Ratten keine feste Paarbindung gibt, paaren sich die Weibchen in einem Rudel häufig mit mehreren Böcken.

Werdende Mütter
Weibchen können während der Trächtigkeit ruhig in der Gruppe bleiben, auch weil die anderen Weibchen nicht selten bei der Jungenaufzucht helfen. Während der Tragzeit muss die Mutter besonders abwechslungsreich gefüttert werden. Wichtig ist dabei, dass sie jetzt jeden Tag Eiweiß bekommt (→ Seite 39).

Die Tragzeit dauert drei Wochen. Kurz vor der Geburt baut die Mutter ein dick gepolstertes Nest, das sie gegen alle Eindringlinge – auch gegen den Halter – verteidigt. Bei der Geburt sitzt die Mutter auf den Hinterbeinen und hilft den Jungen, die zunächst noch nackt, taub und blind sind, auf die Welt. Anschließend frisst sie die Fruchtblase, die Nabelschnur und die Nachgeburt.

Familienleben
Neben Milch und Wärme bekommen die Jungen von der Mutter regelmäßige Bauchmassagen, weil sie sonst an Verstopfung sterben

TIPP

Nachwuchs will gut überlegt sein
➤ Ratten bekommen manchmal bis zu 18 Junge!
➤ Auch bei Rattengeburten kann es zu Komplikationen kommen – oft mit fatalen Folgen.
➤ Inzucht kann zu Missbildungen und geringer Lebenserwartung führen.
➤ Rattenweibchen können nur vom 6. bis zum 12. Monat problemlos Junge gebären.
➤ Denken Sie auch an die vielen Ratten, die in Tierheimen auf ein Zuhause warten.

> *Von ihrer Mutter schauen junge Ratten sich ab, was sie für ihr zukünftiges Leben brauchen. Dazu gehört auch, welches Futter besonders gut schmeckt.*

würden. Fäkalien und verschmutztes Nestmaterial trägt die Mutter aus dem Nest. Aber auch die Temperatur regelt sie: Falls es zieht, verstopft sie die verantwortlichen Eingänge.

Die Kontrolle des Nestes nehmen Sie am besten dann vor, wenn die Mutter kurz die Kinderstube verlässt. Halten Sie die Störungen aber möglichst gering, denn sonst fühlt sich die Rättin genötigt umzuziehen, oder sie frisst sogar ihre Jungen. Nach vierzehn Tagen öffnen sich die Augen der Jungtiere und die unternehmungslustigen Rattenbabys krabbeln nun auch schon einmal aus dem Nest. Dank der Ultraschallrufe findet die Mutter die Ausreißer aber schnell wieder und sammelt sie ein.

Wenn sich die Augen der Babys geöffnet haben und die Jungen beginnen, den Käfig zu erkunden, ist die richtige Zeit gekommen, sie auch mit Menschen vertraut zu machen: Lassen Sie die Jungtiere Ihre Hände erforschen und heben Sie sie vorsichtig hoch.

Vorsicht, neuer Nachwuchs!

Rattenweibchen sind bereits vom Tag der Geburt an wieder fortpflanzungsfähig! Aber auch die Jungtiere werden schon in sehr frühem Alter geschlechtsreif. Daher sollten Sie Ihre Tiere unbedingt ab der 6. Woche nach Geschlechtern getrennt halten (→ auch Seite 11).

Hilfe bei der Geschlechtsbestimmung können Sie bei Ihrem Tierarzt bekommen, oder Sie fragen einen erfahrenen Rattenhalter.

Fragen rund um Verhalten und Nachwuchs

? Zwei meiner Männchen können sich nicht auf eine Rangordnung einigen und kämpfen ständig miteinander. Dabei werden die Kämpfe immer heftiger. Was kann ich tun?
Wenn Sie die Tiere nicht in getrennten Käfigen halten wollen, können Sie eines der Männchen oder auch beide Tiere kastrieren lassen (→ Seite 11). Aber genau wie die Fortpflanzungsfähigkeit der männlichen Ratten im Anschluss an die Kastration noch einige Wochen erhalten bleibt, lässt auch die Aggressivität nur schrittweise nach.

? Meine Ratte beißt. Wie soll ich mich verhalten?
Ratten, die Sie als Rudelmitglied aufgenommen haben, beißen nur unter besonderen Umständen. Fragen Sie sich zunächst einmal, ob das Tier wirklich zugebissen oder den Finger bzw. die Hand nur »zwischen die Zähne« genommen hat, ohne die Haut zu verletzen? Das ist normalerweise eine Warnung, die besagt: Ich will in Ruhe gelassen werden. Und das sollte man auch respektieren. Angstbeißer sind dagegen noch nicht zahm und fürchten sich vor Menschen. Vielleicht wurden sie vernachlässigt oder haben schlechte Erfahrungen mit Menschen gemacht. Ihre Zähmung verlangt eine Menge Geduld (→ Seite 21) und muss unter Umständen unter Einsatz von Lederhandschuhen beginnen.

? Wann muss ich mit einer trächtigen Ratte zum Tierarzt?
Der Tierarzt sollte aufgesucht werden, wenn die Jungen nach 22 bis 23 Tagen noch nicht geboren sind. Häufig lässt sich die Geburt durch wehenfördernde Mittel einleiten und in besonders schwierigen Fällen ist sogar ein Kaiserschnitt möglich. Allerdings nehmen nicht alle Rattenmütter ihren Nachwuchs an, wenn er auf diese Weise das Licht der Welt erblickt hat.

Selbst der Rattenschwanz wird bei der gegenseitigen Fellpflege sorgfältig geputzt.

? Stimmt es, dass eine Einkreuzung von Wildratten die Krebshäufigkeit herabsetzt?

Nein! Auch Wildratten neigen zu Krebs. Da sie in der Natur durch Fressfeinde und Krankheiten nur eine Lebenserwartung von ungefähr sechs Monaten bis einem Jahr haben, macht sich das nur nicht so bemerkbar wie bei Zuchtratten. Von der Einkreuzung wilder Ratten sollte man aber auch deshalb absehen, weil Wildratten und auch ihr Nachwuchs mit Farbratten nicht zahm werden und extrem unter der Gefangenschaft leiden.

? Ist es eigentlich möglich, Ratten in irgendeiner Weise zu erziehen?

Ratten sind in dieser Beziehung ähnlich wie Katzen: Sie lernen schon, was sie nicht tun sollen, aber halten sich nur daran, solange die dominante Oberratte (also Sie) in der Nähe ist. Wenn Sie sehen, dass eine Ratte sich an etwas Verbotenes heranschleicht – gern werden beispielsweise Pflanzen ausgebuddelt –, können Sie versuchen, das Tier mit einem lauten »Nein!« und Hände-

klatschen davon abzuhalten. Wenn sie den Übeltäter auf frischer Tat ertappen, können sie ihn auch »unterwerfen« (siehe nächste Frage) oder in den Käfig zurücksetzen. Im Übrigen ist es aber amüsant zu beobachten, wie sich Ratten »unauffällig« an etwas heranpirschen.

? Meine Ratte zwickt mich in Zehen und Finger. Ist das normal?

Wurden Sie in die Zehen gebissen, sind Sie einem rauen Rattenspiel zum Opfer gefallen. Schnappen Sie sich die Ratte sofort und zeigen ihr, dass Sie der Boss sind und eine solche Behandlung nicht schätzen. Dazu können sie den »Angreifer« auf den Rücken drehen und mit ihm schimpfen. Diese Unterwerfungsgeste verstehen Ratten. Schläge oder andere körperliche Misshandlung sind dagegen völlig unangebracht. Ist der »Unfall« dagegen beim Füttern passiert, handelt es sich vielleicht um einen Futtergrabscher wie auf Seite 20–21 beschrieben? Auch hier kann man durch auf den Rücken drehen oder auch Zwangsstreicheln (→ Tipps) die Rangfolge klarstellen.

Monika Lange

MEINE TIPPS FÜR SIE

So gelingt das Zusammenleben

➤ Gegenseitige Fellpflege schafft Vertrauen. Mit einer weichen Zahnbürste wird sie zum besonderen Genuss für Ihre Ratte.

➤ Streicheln ist nicht immer willkommen und das sollte man respektieren. Man kann aber auch ruhig einmal kurz gegen den Willen der Ratte streicheln, denn dieses Dominanzputzen sichert Ihre Stellung als Chef im Rudel.

➤ Ratten schlafen manchmal ein, wenn sie sich unter unsere Kleidung gekuschelt haben. Daher immer einen »Rattencheck« machen, bevor man aufsteht!

➤ Da die Eingewöhnung fremder Ratten mit einigem Aufwand verbunden ist, empfiehlt es sich, mindestens zwei neue Tiere gleichzeitig einzugewöhnen.

➤ Wenn Sie Ihren Rattennachwuchs behalten wollen, sollten Sie die jungen Männchen rechtzeitig kastrieren lassen.

Fit-und-gesund-Programm

Gesunde Ernährung

Es gibt eine große Auswahl an gesundem Rattenfutter, mit dem Sie Ihre Tiere versorgen können. Achten Sie dabei auf eine ausgewogene und abwechslungsreiche Ernährung, um die Tiere gesund zu erhalten und ihnen ein langes Rattenleben zu ermöglichen.

anders als Hunde, die ihr ganzes Futter auf einmal verschlingen, fressen Ratten häufiger kleine Mengen, weil sie über den Tag verteilt mehrere Schlaf- und Aktivitätsphasen haben. Spezielles Rattenfutter bekommen Sie im Zoofachhandel. Eine gute Mischung enthält nicht mehr als 20 Prozent Eiweiß und wenig oder überhaupt kein Pressfutter (Pellets), also aus fein gemahlenen Rohstoffen hergestellte Kügelchen, Würfel oder Stäbchen, die von Ratten selten gefressen werden. Kaninchen- oder Meerschweinchenfutter ist ungeeignet, da diese Tiere als reine

Vegetarier völlig andere Nahrungsansprüche haben.

Frischfutter

Abwechslungsreiches Futter ist wichtig für die Gesundheit und lässt keine Langeweile aufkommen. Daher sollten jeden Tag frisches Obst, Gemüse, Kräuter oder Getreidekeime auf dem Speiseplan stehen (→ Tabelle, Seite 38). Weil Ratten ein so viel geringeres Körpergewicht haben als Menschen, sind Pflanzenschutzmittel für sie weitaus gefährlicher als für uns. Deshalb muss Frischfutter immer geschält oder abgewaschen und danach sorgfältig abgetrocknet werden, damit es

> *Eine ausgewogene Ernährung ist Voraussetzung für ein langes Rattenleben.*

Körnerfutter

Körnerfutter gehört täglich frisch in den Napf (→ auch Tipp). Ein Teil davon wird zunächst liegen bleiben, denn

TIPP

Wie viel gehört in den Napf?

➤ Wenn unbegrenzt Körnerfutter zur Verfügung steht, werden nur die Lieblingsstücke herausgepickt. Finden Sie durch Versuche heraus, wie viel Futter die Tiere jeden Tag brauchen, sodass morgens fast alles verschwunden ist. So nehmen die Tiere alle wichtigen Nahrungsbestandteile auf ohne dabei zu dick zu werden.

➤ Als Richtwert können Sie mit 20 bis 30 Gramm pro Tier starten. Sie müssen aber auf Ratten achten, die Futter horten und Ihre Berechnungen durcheinander bringen können.

> Ratten können von Leckerli nie genug bekommen.
> Allerdings ist auch für sie zu viel schädlich.

nicht zu Durchfall kommt. Verfüttern Sie nur Wildkräuter, die Sie genau kennen und die von ungespritzten Wiesen abseits der Straßen stammen; außerdem sollten Sie auf Verunreinigungen durch Hunde oder Katzen achten (Darmparasiten). Zitrusfrüchte führen leicht zu einer Magenübersäuerung und dürfen daher nur in kleinen Mengen gefüttert werden. Dazu kommt, dass Ratten Vitamin C selbst produzieren können, es also, im Gegensatz zu vielen anderen Tieren, nicht über die Nahrung aufnehmen müssen.

Nagefutter

Nagetiere wollen immer auch ihre scharfen Zähne zum Einsatz bringen. Daher müssen Sie Ihren Ratten – sowohl als artgerechte Beschäftigung, aber auch, um den Nagetrieb der Tiere von den Wohnzimmermöbeln abzulenken – ständig Nagematerial zur Verfügung stellen. Neben Zweigen (→ Tabelle, Seite 38) können sie ihnen auch Hasel- oder Walnüsse mit Schale anbieten. Allerdings müssen Sie die Nüsse anfangs anknacken, damit die Tiere merken, dass sich die Arbeit auch lohnt.

CHECKLISTE

Das ist schädlich für Ratten

✔ Alkohol und Koffein

✔ Wasser mit Kohlensäure – Ratten können nicht aufstoßen

✔ Süßigkeiten, besonders Schokolade, Kuchen, Kekse – führen zu Karies, verdorbenem Magen, Fehlernährung

✔ Stark gewürzte Speisen und verdorbene Lebensmittel

✔ Kerne von Steinobst (Kirschen, Pflaumen etc.) – sie enthalten giftige Substanzen

✔ Viele Zimmerpflanzen sind giftig (→ Seite 50 und Seite 60: Ratten im Internet)

✔ Käserinden (Antibiotika)

✔ Gespritztes Obst, Gemüse und gespritzte Zweige

Futter im Überblick

Futtersorte	Wie oft?	Was?	Bemerkungen
Körnerfutter	Täglich	Spezielles Rattenfutter aus dem Zoofachhandel, kann mit zuckerfreiem Müsli, ein wenig Bierhefe-, Fischfutter oder Gemüseflocken (für Hunde) angereichert werden	Da die verschiedenen Angebote an Körnerfutter von sehr unterschiedlicher Qualität sind, lohnt es sich, ein wenig zu experimentieren.
Frischfutter	Täglich	**Obst:** Apfel, Banane, Beeren, Trauben, Birne, Kiwi, Melone **Gemüse:** Möhren, Gurke, Zucchini, Tomaten, Mais, Paprika, Erbsen **Kräuter:** Ungespritzter Salat, Spinat, Löwenzahn, Vogelmiere, Gänseblümchen, Minze, Sauerampfer. **Keime:** Weizenkeime, Katzengras	Frischfutter vor dem Füttern immer schälen oder gut abwaschen und abtrocknen. Getreidekeime können selber hergestellt werden (→ Seite 46).
Eiweißfutter	Ein- bis zweimal pro Woche	Jogurt, Käse, gekochte Eier, gegartes ungewürztes Fleisch, Tofu, Mehl- und Regenwürmer, Heimchen	Insekten lösen Jagdinstinkte aus.
Fettreiches Futter	Alle zwei bis drei Tage	Sonnenblumenkerne, Nüsse, Käse, Kürbiskerne	In vielen Lebensmitteln, etwa Käse, versteckt sich eine Menge Fett!
Vitamine	Nur unter bestimmten Bedingungen (→ Seite 39)	Spezielle Nagervitamine in Form von Tropfen oder Pasten aus dem Zoofachhandel oder vom Tierarzt	Empfehlenswert sind zuckerfreie Präparate.
Nagefutter	Täglich	Zweige mit frischem Grün von Birke, Erle, Buche, Obstbäumen oder Hasel (ungespritzt und sauber). Harte Nudeln, hartes Brot (unverschimmelt!). Hasel- und Walnüsse mit Schale	Zweige mit heißem Wasser abschrubben und abtrocknen, bevor sie verfüttert werden.
Kalk	Für junge Ratten	Kalkstein oder Kolbenhirse	Deckt den Kalzium-Bedarf der Tiere.
Leckereien	Zwei- bis dreimal pro Woche	Gekochte Nudeln ohne Salz (Spaghetti), ungeschwefeltes Trockenobst, Leckerbissen und Knabberstangen aus dem Zoofachhandel, alles möglichst zucker- und fettfrei	Da Sie ja nicht jedes Futter täglich verfüttern, gehören je nach Vorlieben der Ratten z. B. auch ein Stückchen Käse oder eine Nuss zu den Leckereien.
Wasser	Täglich frisch	Trinkwasser	In der Nippeltränke anbieten.

Eiweißfutter

Ratten sind keine Vegetarier. Wilde Ratten gehen auf die Jagd nach Mäusen und Entenküken, graben am Strand nach Muscheln oder räumen Vogelnester aus. Deshalb gehört tierisches Eiweiß in Form von gekochten Eiern, Jogurt, Käse oder sogar Würmern zu einer gesunden Ernährung. Allerdings darf man die Fütterung mit dieser Art von Nahrung nicht übertreiben, da es sonst zu Hautausschlägen oder Gelenk- und Nierenproblemen kommen kann. Trächtige und säugende Weibchen haben einen erhöhten Eiweißbedarf (→ Seite 30); bei älteren Ratten (ab circa 1,5 Jahre) sollte der Eiweißanteil im Futter gesenkt werden.

Fettreiches Futter

Mit Fetten und Ölen werden auch Vitamine und essentielle Fettsäuren aufgenommen, die besonders wichtig für die Gesundheit Ihrer Ratten sind. Allerdings dürfen Sie auch diese Nahrungsmittel nur in Maßen füttern, denn schlanke, fettarm ernährte Ratten leben länger und besitzen einer Studie zufolge größere Chancen von Tumoren verschont zu bleiben.

Vitamine

Solange Sie Ihre Tiere abwechslungsreich mit Obst und Gemüse ernähren, erhalten diese genügend Vitamine und Mineralien (→ Tabelle, Seite 38). Bei trächtigen oder säugenden Weibchen, bei Ratten, die krank sind oder die man nach einer Krankheit wieder aufpäppeln möchte und bei sehr alten, gebrechlichen Tieren ist es allerdings sinnvoll, Vitamine zuzufüttern. Diese gibt es speziell für Nager als Pasten oder Tropfen im Zoofachhandel oder beim Tierarzt. Da manche Vitaminpasten von den Tieren wie Leckereien verschlungen werden, eignen sie sich auch, um den Geschmack von Medikamenten zu verdecken.

Kalk

Vor allem junge Ratten brauchen Kalzium aus Kalksteinen, unter anderem für ihr Knochenwachstum. Auch Kolbenhirse, die mit ihren kleinen Körnern sowieso nur für junge Ratten interessant ist, enthält viel Kalzium. Ältere Ratten verlieren den Appetit auf Kalk und sitzen lieber auf den Steinen und markieren sie fleißig.

Wasser

Wasser muss in einem Rattenkäfig immer vorhanden sein. Füllen Sie die Trinkflasche täglich frisch, damit sich keine Algen und Bakterien ansiedeln können. Sollten Sie feststellen, dass alte oder kranke Ratten kaum Flüssigkeit zu sich nehmen (deutlich weniger als ungefähr 10 ml täglich), hilft es oft, wenn Sie das Wasser mit ein paar Tropfen Obst- oder Karottensaft versüßen.

> Gekochte Eier mit Schale wollen erst einmal geknackt werden.

Das Einmaleins der Pflege

In den Rattensalon müssen Ihre Tiere nicht – sie legen ja selbst die Pfote an und putzen sich täglich von Kopf bis Fuss. Dagegen ist die regelmäßige Reinigung von Käfig und Zubehör Sache des Ratten-

> Ihre Farbratten benötigen täglich ausreichend Futter und frisches Wasser.

halters. Ein sauberer Käfig gehört ebenso zu den Bedürfnissen der Tiere wie die richtige Ernährung und ausreichend Freilauf.

Käfigpflege

Ratten brauchen einen sauberen Käfig, um sich wohl zu fühlen und gesund zu bleiben. Eine ausreichende Hygiene gibt Parasiten, Atemwegs- und Hautkrankheiten oder entzündeten Füßen erst gar keine Chance.

Täglich: Versorgen Sie Ihre Ratten einmal täglich mit frischem Futter (→ Seite 38) und frischem Wasser. Spülen Sie die Flasche jedes Mal mit heißem Wasser aus und benutzen gegebenenfalls eine Flaschenbürste. Wichtig ist außerdem, das Frischfutter vom Vortag zu entfernen, damit sich kein Schimmel ausbreiten kann.

Alle drei Tage: Entfernen Sie feuchtes Nestmaterial und sorgen Sie für Ersatz. Nester aus- und umzubauen ist ein beliebtes Rattenhobby. Falls Ihre Tiere eine Sandschale benutzen, muss der Sand bei Bedarf gewechselt werden.

Wöchentlich: Ungefähr einmal die Woche muss der ganze Käfig gereinigt werden. Riecht es jetzt bereits kräftig, müssen Sie in Zukunft häufiger ran (oder Sie säubern zwischendurch einmal ganz gezielt die Urinecken). Der stechende Ammoniakgeruch ist nämlich nicht nur für uns unangenehm, sondern belastet auch die empfindlichen Atemwege der Ratten.

TIPP

So klappt die Käfigreinigung

➤ Verteilen Sie beim Reinigen der Behausung ein wenig alte Streu über die neue (aber nur, wenn die Ratten gesund sind und keine Parasiten haben). So riecht der Käfig weiterhin vertraut.

➤ Lassen Sie die Ratten ihre Nester selbst bauen, denn auf diese Weise haben sie eine natürliche, willkommene Beschäftigung.

➤ Ratten sind neugierig und können daher beim Käfigreinigen leicht in Abfalltüten geraten oder vom Staubsauger verletzt werden!

DAS EINMALEINS DER PFLEGE

Reinigung des Käfigs: Halten Sie Mülltüten, Lappen, Kehrbesen und den Staubsauger bereit. Bereits zahme Ratten können jetzt frei laufen, oder Sie bringen die Tiere vorübergehend in einem sicheren Zimmer oder in der Badewanne unter, damit sie nicht versehentlich verletzt werden. Entfernen Sie zunächst die alte Streu sowie Futter und Nestmaterial. Jetzt können Sie auch in Ruhe überprüfen, welches Futter Ihre Ratten horten. Falls Sie dabei auf altes Frischfutter stoßen, müssen Sie dieses künftig jeden Tag entfernen. Anschließend werden die Plastikwanne, die Ebenen und die Einrichtung (Häuschen, Spielzeug etc.) mit heißem Wasser abgeschrubbt. Haushaltsreiniger, besonders scharfe Mittel, sollten Sie nicht benutzen, da Sie die Atemwege der Tiere reizen und sogar zu Vergiftungen führen können. Das gesamte Käfiggitter müssen Sie nur bei Bedarf säubern und eine Desinfektion ist nur dann notwendig, wenn Tiere krank waren oder Parasiten hatten. Beim Tierarzt und im Zoofachhandel gibt es für diesen Zweck spezielle, für Nager ungiftige Mittel.

> *Die gelenkigen Ratten erreichen beim Putzen jeden Zentimeter ihres Pelzes.*

Neueinrichtung des Käfigs: Wechseln Sie verschmutzte oder zernagte Hängematten sowie alte Zweige und anderes Nagefutter aus. Um für Abwechslung zu sorgen, können Sie auch das ein oder andere Spielzeug austauschen; Häuschen, Ebenen und Rampen sollten aber immer am gleichen Platz bleiben.
Wenn Sie die frische Einstreu mit Zeitungspapier unterlegen, wird die Reinigung das nächste Mal einfacher. Verteilen Sie Nestmaterial im Käfig und füllen Sie die Wasserflaschen und Näpfe auf.

CHECKLISTE

Gepflegte Ratten

✔ **Fell:** Ratten putzen sich jeden Tag mehrmals gründlich, sodass das Fell einer gesunden Ratte glatt und glänzend ist.

✔ **Krallen:** Krallen sollten sich durch Steine oder Tonröhren im Käfig (→ Seite 53) von selbst abschleifen. Sonst mit der Nagelfeile vorsichtig nachhelfen.

✔ **Zähne:** Zähne schleifen sich durch das Aneinanderreiben beim Zähneraspeln und durch Nagen ab. Sie werden nur bei Fehlstellungen so lang, dass sie die Futteraufnahme behindern. Korrektur vom Tierarzt durchführen lassen.

So bleibt Ihre Ratte gesund

Auch Ratten werden leider manchmal krank. Allerdings können wir einiges tun, damit unsere Schützlinge lange gesund bleiben. Besonders wichtig sind:

➤ eine artgerechte Ernährung
➤ ein sauberer, geräumiger Käfig
➤ der richtige Platz für das Rattenheim

Klettern macht Ratten nicht nur Spaß, sondern hält sie auch fit.

➤ ausreichend Abwechslung und Bewegung
➤ Kontakt mit Artgenossen. Auch das tägliche Spielen und Knuddeln ist Teil der Gesundheitsvorsorge, denn auf diese Weise lernen Sie die Eigenarten ihrer Schützlinge am besten kennen und werden Veränderungen sofort bemerken. Hilfreich ist es auch, wenn Sie Ihre Ratten einmal die Woche auf die Haushaltswaage setzen, damit Ihnen Gewichtsveränderungen rechtzeitig auffallen (→ Seite 46).

Handeln Sie bei Erkrankungen schnell

Bevor ein Tier Symptome zeigt, kann die Krankheit schon recht weit fortgeschritten sein. Daher ist es wichtig, jetzt schnell zu handeln und sofort zum Tierarzt zu gehen. Wenn Sie einen Notfall außerhalb der Sprechstunden haben, wenden Sie sich am besten an den tierärztlichen Notdienst (Telefonbuch). Halten Sie das kranke Tier beim Transport warm und schützen sie es vor Zugluft

und im Sommer vor Hitze. Ein Stück Melone oder Gurke versorgt den Patienten mit Futter und Flüssigkeit (Ausnahme: Durchfall).

Zeigt eine Ihrer Ratten eines der folgenden Symptome, sollten Sie unbedingt den Tierarzt aufsuchen

➤ Das Verhalten ändert sich drastisch: Die Ratte beißt, wenn man sie anfasst (Schmerzen!), sie wirkt apathisch oder wird zum Dauerschläfer
➤ Merkwürdige Körperhaltungen: schiefer Kopf, ständig gekrümmter Rücken
➤ Fell wirkt glanzlos und struppig, Augen werden stumpf oder sind verklebt
➤ Die Ratte verliert Gewicht
➤ Durchfall, der nach einem Tag Frischfutterentzug nicht verschwunden ist; rot gefärbter Urin
➤ Hinken, Beinnachziehen
➤ Wunden, Abszesse, Geschwülste oder Entzündungen an Füßen
➤ Ständig hörbare Atemgeräusche, »Rasseln«, »Pumpen«, dauerndes Niesen, »blutige« Nase.

Die häufigsten Krankheiten auf einen Blick

Krankheiten	Symptome	Therapie
Atemwegsbeschwerden: Infektion durch verschiedene Viren oder Bakterien, häufig verursacht durch Stresssituationen, starke Temperaturschwankungen oder zu hohe bzw. zu geringe Luftfeuchtigkeit	Hörbare Atemgeräusche, häufiges Niesen, verkrustete Augen oder Nase und lethargisches Verhalten	Behandlung durch den Tierarzt mit Antibiotika; mögliche Ursachen beseitigen, etwa Zugluft oder staubige Einstreu
Mycoplasmose: Durch Bakterien (Mycoplasmen) hervorgerufene Erkrankung der Atemwege; die Bakterien werden zumeist schon im Mutterleib übertragen und verursachen oft lange Zeit keine Symptome. Das kann sich aber ändern, wenn eine Ratte durch andere Infekte oder Stress geschwächt ist	Die Krankheit verläuft häufig ohne klinische Erscheinungen; bei chronischem Infektionsverlauf kann es zu Nasenausfluss, Atembeschwerden, Bindehautentzündung sowie Arthritis, Gleichgewichtsstörungen oder starker Abmagerung kommen	Gegen Mycoplasmose gibt es für Ratten bisher nur Medikamente, die die Krankheit eindämmen, aber nicht auf Dauer heilen. Für Menschen sind Mycoplasmose-Erreger nicht gefährlich
Schiefkopf: Bakterielle Infektion; betroffen sind zumeist Mittel- und Innenohr	Gleichgewichtsstörungen, Ratte hält den Kopf häufig schief oder torkelt	Der Tierarzt kann Antibiotika verschreiben
Bumblefoot: Wird häufig durch ungeeignete Kletterebenen, z. B. Gitterrostebenen (→ Seite 13) verursacht; kann durch Übergewicht verschlimmert werden	Entzündungen des Fußballens, nicht selten verbunden mit schmerzhaften Wucherungen	Vom Tierarzt mit Salben behandeln lassen; Risikofaktoren beseitigen
Blutige Nase (auch Roter Schnupfen oder Chromodakyrorrhae genannt). Tatsächlich handelt es sich nicht um Blut, sondern um ein durch Farbstoffe (Porphyrine) rot gefärbtes Sekret, das z. B. bei Stress oder auch als Folge anderer Erkrankungen von Drüsen an den Augen gebildet wird	Rote Flüssigkeit um Augen und Nase, die wie Blut aussieht und auch rote Tröpfchen auf dem Nestmaterial zurücklässt	Eventuell zugrunde liegende Krankheit durch den Tierarzt behandeln lassen; Stressfaktoren aufspüren und beseitigen; sorgfältige Pflege
Parasitenbefall: Verantwortlich können tierische Schmarotzer wie Läuse, Flöhe oder Milben sein, aber auch Pilze, die Hauterkrankungen verursachen	Stumpf wirkendes Fell, Haarausfall, juckende Ekzeme oder Schorfbildung; Tiere scheuern oder kratzen sich häufig	Vom Tierarzt Mittel gegen die Parasiten oder Pilze verschreiben lassen; Ursachen beseitigen, beispielsweise feuchte Einstreu; Käfig und Zubehör desinfizieren

➤ Schorf, kahle Stellen, Parasiten: sichtbare Schmarotzer oder glänzende Nissen (Eier von Läusen) im Fell; die Ratte kratzt sich sehr häufig oder hat sich sogar blutige Wunden zugefügt.

Tumore

Tumore treten bei Ratten im fortgeschrittenen Alter häufig auf. Sie können enorme Ausmaße erreichen, lassen sich

Rotäugige Ratten sind besonders anfällig für Altersblindheit.

aber bei einer ansonsten gesunden Ratte durchaus operieren. Je eher Sie zum Tierarzt gehen, umso besser sind die Heilungsaussichten.

Geschwülste können auch durch Abszesse verursacht werden, also durch mit Eiter gefüllte Blasen, die durch kleine, sich infizierende Wunden entstehen. Auch Abszesse sollten daher vom Tierarzt behandelt werden.

Behandlung von Tumoren: Die Tiermedizin hat durch moderne, genau dosierbare Inhalationsnarkosen inzwischen die Möglichkeit, auch so kleine Tiere wie Ratten erfolgreich zu operieren und dadurch ihr Leben zu verlängern oder die Lebensqualität zu erhöhen. Häufige Gründe für eine Operation sind Kastration, Tumore oder auch Abszesse.

Pflege nach der Operation: Nach dem operativen Eingriff müssen Sie das Tier warm halten, z. B. mit einer (nicht

zu heißen!) Wärmflasche und es in einer separaten Box auf saubere Haushaltstücher betten. Bieten Sie der kranken Ratte nach der Aufwachphase die Wasserflasche zum Trinken an oder ein Stück Melone oder Gurke, sofern das erkrankte Tier dieses Frischfutter auch mag.

Ein Problem bei Operationen ist, dass Ratten häufig die Wundnähte aufbeißen. Kragen, wie sie bei Hunden benutzt werden, sind für Ratten nach meiner Erfahrung völlig ungeeignet. Einige Rattenhalter haben aber sehr positive Erfahrungen mit elastischen Binden gemacht, die wie ein Ärmel über die operierte Ratte gezogen und dann zugeschnitten und mit medizinischem Klebeband fixiert werden.

TIPP

Der richtige Tierarzt

➤ Die fachgerechte Versorgung von Kleinnagern erfordert Spezialwissen. Wenn Sie einen Tierarzt auswählen, fragen Sie ihn ruhig über seine Erfahrungen mit Ratten aus.

➤ Kompetente Tierärzte können Sie sich auch von anderen Rattenhaltern, Tierheimen oder Zoofachhandlungen empfehlen lassen.

➤ Wählen Sie nach Möglichkeit einen Tierarzt in Ihrer Nähe aus, damit der Anfahrtsweg mit dem kranken Tier nicht zu lang ist.

Wenn Ihre Ratten älter werden

Bereits nach eineinhalb Jahren werden Ratten langsam alt. Sie sind nun nicht mehr so abenteuerlustig und werden häufig richtig anhänglich. Sie schlafen jetzt mehr und fressen weniger. Zuvor dominante Ratten müssen ihren Rang mitunter an jüngere abgeben. Das Fell älterer Tiere wird gröber und das typische Rattengesicht immer ausgeprägter. Die Beweglichkeit der Nager nimmt ab; große Sprünge sind nicht mehr drin und es können sogar Lähmungen auftreten. Daher sollte jetzt alles im Käfig durch bequeme Rampen einfach zu erreichen sein. Weitere typische Alterserscheinungen sind:

➤ Nierenbeschwerden – verbunden mit erhöhtem Flüssigkeitsbedarf

➤ Herzprobleme – manchmal an einer blauen Schwanzspitze erkennbar

➤ Haut- und Atemwegserkrankungen, aufgrund eines geschwächten Immunsystems – mit Vitaminen vorbeugen.

Altersblindheit: Vor allem rotäugige, aber auch einige dunkeläugige Ratten haben im Alter mit Altersblindheit

> *Wenn eine Ratte gar nicht mehr aus ihrem Versteck herauskommt, sollten Sie überprüfen, ob das Tier vielleicht krank ist.*

zu kämpfen. Da sich die Tiere jedoch überwiegend auf ihre anderen Sinne verlassen, muss sie das kaum beeinträchtigen. Wichtig ist nur, dass im Käfig und auf ihren Auslaufrouten nichts umgestellt wird, weil sie sonst leicht irgendwo abstürzen. Außerdem sollten Sie sich immer bemerkbar machen, wenn Sie sich den Greisen nähern, damit sie sich nicht erschrecken.

Abschiednehmen

Leider schlafen nur die wenigsten Ratten friedlich ein, sodass wir von den meisten beim Tierarzt Abschied nehmen müssen. Die Verantwortung, die Tiere nicht unnötig leiden zu lassen, übernimmt jeder, der sich eine Ratte anschafft. Wenn die Diagnose »langsames Dahinsiechen« lautet und die Ratte nicht mehr zu ihren normalen Aktivitäten in der Lage ist, sollten Sie sie erlösen. Beim Einschläfern bekommt das Tierchen zuerst eine Betäubungsspritze und dann eine weitere Injektion. Wenn Sie Ihre Ratte dabei auf dem Arm halten und streicheln – auch wenn das nicht einfach ist –, verlaufen ihre letzten Minuten friedlich und angstfrei.

45

Fragen rund um Ernährung und Gesundheit

? Ich bin nicht sicher, ob meine Tiere vielleicht Übergewicht haben. Wie schwer sollte eine Ratte ungefähr sein?
Diese Frage lässt sich gar nicht so einfach beantworten, da die Gewichtsspanne zwischen Männchen und Weibchen sowie großen und kleinen Ratten mehrere hundert Gramm betragen kann. Erwachsene Weibchen wiegen ungefähr 300 bis 400 g, Männchen um die 500 bis 600 g. Orientieren Sie sich an den Bildern in diesem Buch: So sollten normalgewichtige Ratten aussehen.

? Eine meiner Ratten ist ein richtiger Moppel. Kann ich sie auf Diät setzen?
Ratten haben einen sehr schnellen Stoffwechsel, sodass sie in vergleichsweise kurzen Abständen immer wieder etwas zu Fressen brauchen. Daher darf man die Tiere auch für eine Diät nicht hungern lassen. Verzichten Sie für eine Weile auf fettreiche Nahrung und füttern dem Dickerchen Frischfutter, bevor es sich an den gefüllten Napf mit den kalorienreicheren Sachen setzt. Viel Auslauf und Animieren zum Spielen und Klettern sind ebenfalls hilfreich.

? Ich möchte für meine Ratten Getreidekeime selbst ziehen. Wie geht das am einfachsten?
Füllen Sie ein bis zwei Esslöffel eines Getreides (beispielsweise Weizen, Gerste, Hafer aus dem Bioladen) in ein kleines Sieb und weichen Sie den Ansatz etwa eine Stunde in warmem Wasser ein. Spülen sie die Körner gut ab und hängen das Sieb dann über eine kleine Plastikhaushaltsdose. Den Deckel legen Sie lose über das Sieb, damit die Körner nicht austrocknen. Spülen Sie die Keimlinge zweimal am Tag mit Wasser ab. Ab dem zweiten Tag können Sie sie verfüttern (vorher abtrocknen!).

? Im Zoofachgeschäft gibt es Nager-Deos. Kann ich die auch für Ratten nehmen?
Diese Deos sind für die Geruchsneutralisierung der

> *Füttern Sie Ihren Tieren Frischfutter, bevor sie sich an den gefüllten Napf setzen.*

Urinecken gedacht, dürfen also keinesfalls dazu verwendet werden, die Nager damit einzusprühen! Wenn die Tiere sauber gehalten werden, sind die Mittel aber weder für Hamster noch Ratten sinnvoll, sondern können vielmehr die Nasenschleimhäute der Nager reizen. Das Gleiche gilt für deodorierte Einstreu und solche aus Zedernholz. Einen gewissen Eigengeruch von Haustieren können Sie nie ganz vermeiden.

? Da Ratten schwimmen können, stelle ich mir die Frage, ob meine Tiere vielleicht eine Bademöglichkeit benötigen?

Tatsächlich schwimmen einige Ratten gern, aber die meisten reagieren eher misstrauisch auf größere Wassermengen. Um sauber zu bleiben, brauchen sie jedenfalls kein Bad, nur einen sauberen Käfig. Auch die mit Talg verklebten Fellbereiche, die manchmal bei Männchen auftreten, lassen sich durch Baden nicht beseitigen. Anders verhält es sich bei Notfällen, also wenn sich die Tiere beispielsweise mit giftigen Stoffen beschmiert haben. Lenken Sie die Ratte

in einem solchen Fall unbedingt vom Lecken ab und suchen Sie sofort einen Tierarzt auf. Alles andere – es sollen ja schon Ratten im Salatdressing auf dem Couchtisch gelandet sein – kann man mit Shampoo und warmem Wasser auswaschen, wobei weder Wasser noch Shampoo in Augen, Ohren und Mund geraten darf. Die Ratte muss nach dem Bad gründlich mit einem Handtuch abgetrocknet (nicht föhnen!) und anschließend warm gehalten werden.

? Muss ich eine kranke Ratte von ihren Artgenossen trennen?

Generell bedeutet es für eine Ratte zusätzlichen Stress, von ihrem Rudel isoliert zu werden. Außerdem kann es, wenn die Tiere sehr lange getrennt waren, beim Zurücksetzen der genesenden Ratte zu Problemen mit der Wiedereingliederung kommen. Manchmal ist es sogar sinnvoll, mit ängstlichen Ratten nicht allein zum Tierarzt zu gehen, sondern eine zweite Ratte mitzunehmen. Sehr schwache oder gerade operierte Ratten müssen allerdings in einen Einzelkäfig.

Monika Lange

MEINE TIPPS FÜR SIE

So bleiben Ihre Ratten gesund

➤ Stellen Sie nur schrittweise auf neues Futter um und geben Sie Ihren Tieren etwas Gewöhnungszeit, wenn Sie ein neues Futter ausprobieren.

➤ Ratten können bei ihren Futtervorlieben sehr eigen sein. Versuchen Sie nicht sie zum Fressen zu zwingen!

➤ Zum Aufpäppeln von geschwächten und abgemagerten Ratten hat sich Babybrei bewährt.

➤ Eine so einfache Maßnahme wie das Händewaschen vor und nach dem Kontakt mit den Ratten verhindert die Übertragung von Krankheiten auf den Menschen und vor allem auch auf die Ratten.

➤ Beim Zusammenschrauben der Trinkflasche sollten Sie immer überprüfen, ob auch keine Luftblase das Metallröhrchen verstopft. Dazu tippt man mit dem Finger gegen die Metallkugel.

Beschäftigungs-Programm

Freilauf tut gut

Immer nur im Käfig zu sitzen ist für Ratten viel zu langweilig. Die Tiere wollen klettern, laufen, ihre Umgebung erforschen und Sie als Rattenhalter möchten ja ebenfalls die Gelegenheit zur Interaktion und zum Beobachten haben. Deshalb ist täglicher Freilauf für mindestens eine Stunde ein unbedingtes Muss.

Wann und wie?

Für den Freilauf bietet sich in erster Linie der Abend an, weil die Tiere dann besonders aktiv sind und Sie vermutlich am meisten Zeit und Ruhe haben. Generell bekommt es Ihrer Beziehung zu den Ratten nicht gut, wenn Sie die Tiere zu oft rüde aus dem Schlaf reißen und auch für die Gesundheit der Ratten ist das schlecht. Beginnen Sie mit dem Freilauf erst, wenn die Ratten zahm sind und sich problemlos von Ihnen hochnehmen lassen (→ Seite 21). Andernfalls wird das Einfangen in eine Jagd ausarten und das schafft natürlich kein Vertrauen.

Auf die Plätze, fertig, los

Setzen Sie sich mit Ihren Tieren auf das Sofa, damit sie von dort aus die Umgebung erkunden können. Der Aktionsradius der Ratten wird mit der Zeit immer größer werden, bis das ganze Zimmer als Revier vereinnahmt wurde. Wenn der Käfig einen günstigen Platz hat, kann der Freilauf später auch direkt von

Jetzt will ich aber einmal diese merkwürdige Riesenratte erkunden.

1 Buddeln ja

Ratten lieben es, ihre Pfoten in guter Erde zu versenken. Die meisten Zimmerratten können diesen Trieb nur in unseren Blumentöpfen ausleben. Allerdings ist gedüngte Blumenerde, in der immer auch Schimmelsporen enthalten sind, nicht gesund für die Tiere; außerdem sind viele Zimmerpflanzen giftig (→ Checkliste).

2 Aber bitte nicht in Blumentöpfen

Haben die Tiere die Blumentöpfe erst einmal entdeckt, lassen sie sich kaum mehr von ihnen ablenken. Da hilft nur noch, sie außer Reichweite zu stellen. Falls das zu unpraktisch ist, sollten Sie die Erde mit Steinen oder mit Maschendraht abdecken. Bieten Sie ihnen als Ersatz andere Buddelmöglichkeiten an (→ auch Seite 54).

dort starten und die Ratten können nach eigenem Ermessen wieder zurückklettern. Allerdings suchen sie sich auch gern ein Versteck im Zimmer und rollen sich dort zusammen. Füttern würde ich außerhalb des Käfigs immer nur Kleinigkeiten – der Käfig soll Anlaufstelle für Futter und Wasser bleiben.

Vorsicht Diebe!

Mitunter kommen Ratten auf ziemlich merkwürdige Ideen. Das Zwicken menschlicher Zehen habe ich schon erwähnt. Aber sie stehlen auch gern Sachen aus Papierkörben (das raschelt so schön) oder schleichen sich an die Snacks auf dem Couchtisch an und sitzen unversehens in der Chipstüte oder probieren vom Wein.

Gefährlicher ist aber, dass sie auch in die Federkerne von Sofas klettern und dort verletzt werden, wenn sich jemand hinsetzt und dass ihnen Kabelisolierungen gut schmecken. Wenn Sie Glück haben, können Sie die Neigung der Tiere, sich auf festen Pfaden zu bewegen, ausnutzen und die Kabel einfach an anderen Stellen verlegen. Andernfalls müssen Sie Kabeltunnel verwenden.

Zurück in den Käfig

Beim Freilauf werden Sie schnell feststellen, wie wichtig es ist, Spalten gut zu verschließen. Ratten aus solchen Verstecken zu locken ist mühsam. Manchmal funktioniert es, wenn man mit einer Tüte raschelt oder mit den Fingern über den Boden kratzt. Der Weg in den Käfig fällt übrigens leichter, wenn die Tiere dabei immer einen kleinen Leckerbissen bekommen.

Fitness-Studio für Ratten

Das richtige Spielzeug macht ein Rattenleben nicht nur interessanter, sondern hält die Tiere auch fit, aktiv und ausgeglichener. Denn auch Langeweile bedeutet Stress und kann zu Aggressionen innerhalb Ihrer Rattengruppe führen.

> *Neues Spielzeug muss erstmal vorsichtig getestet werden.*

Spielzeug aus dem Zoofachhandel

Der Zoofachhandel bietet geeignetes Spielzeug für Ratten in großer Auswahl an, etwa biegsame Weidenbrücken, Klettergestelle und vieles mehr. Es lohnt sich, auch einen Blick in die Vogel- und Zierfischabteilung zu werfen, wo es z. B. Leitern und Wurzeln gibt. Wichtig ist, dass alle Teile ungiftig und gut zu reinigen sind. Achten Sie beim Spielzeug darauf, dass die Tiere nicht mit den Krallen oder Pfoten darin hängen bleiben oder sich den Schwanz einklemmen können. Da die meisten Laufräder diese Kriterien nicht erfüllen, sollte man sie nicht verwenden, auch weil die Geräte auf Dauer möglicherweise schädlich für den Rücken der unermüdlichen Nager sind.

Spielzeug im Eigenbau

Neben handelsüblichen Artikeln lassen sich aber auch zahlreiche Alltagsgegenstände in interessantes, preiswertes Spielzeug verwandeln.

Hängematten: Mit Seilen, Ästen, Leitern und Rampen, macht das Klettern richtig Spaß. Damit eventuelle Abstürze glimpflich verlaufen, sollte man Hängematten zwischen den Käfigebenen anbringen, die auch gern für ein Nickerchen benutzt werden. Anfertigen lassen sich solche Hängematten aus alten Handtüchern, Waschlappen, T-Shirts oder aus Stoffresten. Wenn Sie die Ränder der Stoffstücke umnähen, halten

TIPP

Futtersuche als Beschäftigung

➤ Gerade junge und gesunde Tiere sollten für ihr Futter ein wenig »arbeiten« müssen, weil dies gleichzeitig der Beschäftigung dient. So können beispielsweise die Zweigenden eines Kletterbaumes als Obstspieße dienen. Allerdings werden nicht alle neuen Angebote – gleichgültig ob es sich um Futter oder Spielzeuge handelt – sofort angenommen. Häufig dauert es ein wenig, bis die Tiere sich daran gewöhnt haben. Manchmal müssen die Sachen aber auch nur an anderer Stelle »präsentiert« werden.

die Hängematten länger. Da der Stoff mit der Zeit verschmutzt, müssen die Matten bei Bedarf gewaschen oder auch einmal ersetzt werden. Wer die Hängematten nicht selbst herstellen möchte, kann sie sich auch im Zoofachhandel beschaffen.

Zweckentfremdet: Findige Rattenbesitzer sind auf die Idee gekommen, die Käfigausstattung mit Blumenampeln und Weidenkörben zu versehen, die man entweder ins Gitter haken oder freihängend als Schaukeln anbringen kann. Aber auch Abflussrohre aus dem Baumarkt werden – wie alle Höhlen, Gänge und Verstecke – gern von den neugierigen Ratten erkundet.

Geeignet sind Röhren aus Plastik oder Ton, wobei Tonröhren, ebenso wie Töpfe und Schalen aus diesem Material, aber auch große Steine, Wurzeln und umgedrehte Kacheln nicht nur für Abwechslung sorgen, sondern außerdem beim Abschleifen der Krallen helfen. Spätestens dann, wenn die Tierchen sich beim Freilauf an ihrem Hals entlang aus dem Pullover wühlen, werden Sie das zu schätzen wissen.

Besonders bei einer lebhaften Rattengruppe dürfen sich die Klettermaxen nicht gegenseitig gefährden.

Pappen-Stil: Röhren und Verstecke können natürlich auch aus Pappe sein und nach Gebrauch weggeworfen werden. Dabei sollten Rollen von Haushaltstüchern und Toilettenpapier aber nur für sehr junge Ratten verwendet werden, weil ausgewachsene Tiere darin stecken bleiben. Und es ist kein Vergnügen, eine verängstigte Ratte aus ihrer Falle herausschneiden zu müssen. Besser geeignet, wenn auch ein wenig teurer, sind Posterrollen.

Papiertüten können Sie mit Papierschnipseln und kleinen Leckereien füllen. Wenn die Ratten einmal dahinter gekommen sind, dass sich darin etwas verbirgt, geht das Auspacken ganz schnell. Größere Mengen Papierschnipsel sind zum Wühlen sowieso stets willkommen.

Kletterbäume: Ebenfalls beliebt sind Kletterbäume. Dafür montieren Sie einen

> *Oh, oh! Jetzt bitte ganz schnell eine weiche Hängematte!*

verzweigten Ast kippsicher auf einer größeren Holzplattform oder verankern ihn mit einem Zementfuß in einem großen Tontopf.

Weitere Ideen zur Beschäftigung

Auch Dinge, die nicht gleich als Spielzeuge zu erkennen sind, können Ihren Ratten die Langeweile vertreiben.

Buddeln: Damit die Ratten ihren Buddeltrieb ausleben können, bieten Sie ihnen doch einmal eine Buddelkiste mit unverschimmeltem Laub oder Papier an. Ebenfalls geeignet sind große Sandkisten, in denen manchmal Futter versteckt ist, Kästen mit Walderde aus dem Zoofachgeschäft oder Töpfe mit Katzengras. Interessant finden die Tiere auch Grassoden mit Wurzeln, besonders, wenn sich darin noch der eine oder andere Regenwurm finden lässt.

Wasserspiele: Für ein »Zwangsbaden« können sich Ratten nicht begeistern – aber selbst im Wasser spielen ist natürlich ganz etwas anderes. Daher werden Wasserschalen nicht nur zum Trinken benutzt, sondern auch, um die Nase einzutunken oder sogar ordentlich darin zu plantschen. Achten Sie darauf, dass die Gefäße nicht zu tief sind, damit die Tiere auch ohne fremde Hilfe wieder herausklettern können!

Abenteuerspielplatz: Die Weiten des unverstellten Teppichbodens sind für Ratten eher uninteressant. Die meisten überqueren sie nicht mal gern, sondern verschwinden schnell zwischen den Möbeln. Um sie da herauszulocken, können Sie ihnen eine Art Abenteuerspielplatz aus Kartons, Kletterbaum, Röhren und anderem Spielzeug zusammenstellen.

TIPP

Diese Spiele machen Ratten Spaß

➤ Krabbellandschaften aus Kissen auf dem Sofa bauen.

➤ Labyrinthe aus Bauklötzchen, Papprollen oder Pappkartons basteln (Labyrinthe erinnern an den Bau!)

➤ »Erschreck-mich-versteck-dich«-Spiel: Die Ratte macht ein kleines Ringkämpfchen mit der Hand Ihres Menschen und rennt dann »erschreckt« in ein Versteck, z. B. unter ein Sofakissen. In der nächsten Sekunde ist sie wieder da, und das Spiel fängt von vorn an.

> *Schachmatt: Der König wurde einen Kopf kürzer genagt!*
> *Ratten haben ihre eigenen Spielregeln.*

Spielen und Schmusen:
Eines der interessantesten Spielzeuge sind natürlich Sie selbst. Auf Ihnen kann man herumklettern und sich auch durch Ihre Kleidung »tunneln«. Besonders junge Ratten lassen sich auch gern einmal von Ihren Fingern zu Spielen animieren.

Ratten und Urlaub

Sie heißen zwar Wanderratten, aber auf Reisen gehen sie nicht wirklich gern. Ganz abgesehen davon, dass eine lange Fahrt mit viel Stress verbunden ist, bekommen Sie in vielen Ländern auch Probleme mit dem Zoll oder Hotels, wenn Sie mit Ihrer Rattenbande ankommen. Daher sollten Sie bereits vor der Anschaffung von Ratten sicherstellen, dass Sie auch eine Urlaubsvertretung haben, die regelmäßig bei Ihnen vorbeikommt, um die Tiere zu versorgen oder aber die ganze Gruppe aufnimmt. Weisen Sie den Urlaubspfleger sorgfältig ein und zeigen ihr oder ihm dabei auch den Umgang mit den Tieren (→ Seite 62). Wichtig ist zudem eine klare Abmachung, was geschehen soll, wenn eines der Tiere krank wird.

CHECKLISTE

Alles bereit für den Urlaub?

✔ Haben Sie einen detaillierten Fütterungs- und Pflegeplan erstellt?

✔ Ist ausreichend Futter, neue Einstreu und neues Nestmaterial vorhanden?

✔ Haben Sie Zubehör für die Käfigreinigung bereitgelegt?

✔ Gibt es Absprachen, was im Notfall zu tun ist?

✔ Haben Sie die Telefonnummer eines Tierarztes hinterlassen und die Adresse, unter der Sie zu erreichen sind (→ Seite 62)?

✔ Haben Sie der Urlaubsvertretung dieses Buch zum Nachschlagen zur Verfügung gestellt?

Fragen rund um Spiel und Beschäftigung

? Ich habe gesehen, dass Leute ihre Ratte draußen auf der Schulter herumtragen. Ist das nachahmenswert?

Sie kennen das Temperament Ihrer Ratten am besten Haben Sie eine ruhige Ratte, die es sich in der Wohnung gefallen lässt, auf Ihrer Schulter herum getragen zu werden? Mit einer solchen Ratte können Sie einen kurzen Ausflug wagen. Manche Ratten »reisen« auch gerne in Umhängetaschen oder Bauchbeuteln mit. Da die Tiere sich dann aber kaum bewegen können, darf der Ausflug nicht zu lange dauern. Bedenken sollten Sie außerdem, dass eine Ratte Ihnen im Freien leicht abhanden kommen kann. Sie kann beispielsweise von Ihrer Schulter springen, wenn sie einen Schreck bekommt und sich in Sicherheit bringen will, oder wenn das Tier eine interessante Klettermöglichkeit findet, die es unbedingt ausprobieren möchte. Die Chancen, eine entlaufene Ratte wieder einzufangen, stehen ziemlich schlecht. Es gibt also bessere Möglichkeiten, sich mit den Tieren zu beschäftigen.

? Ist es eigentlich möglich, meinen Ratten Tricks beizubringen?

Eine gute Dressur nutzt immer das natürliche Verhalten des jeweiligen Tieres aus. Deshalb können Sie Ihren Ratten beibringen, Männchen zu machen oder über ein Seil zu klettern. Moderne Dresseure arbeiten nicht mit Strafen, sondern mit der viel wirksameren »positiven Verstärkung«, das heißt, es gibt Belohnungen und Streicheleinheiten, wenn etwas gut klappt. Etwas Geduld müssen Sie allerdings mitbringen, denn es dauert schon einige Zeit, bis aus Ihrer Ratte ein Zirkusstar wird. Nur die wenigsten Ratten werden es übrigens lernen auf ihren Namen zu reagieren. Dafür lassen sie sich (meistens) anlocken, wenn Sie beispielsweise mit einer Tüte rascheln oder mit den Fingern auf

> *Weisen Sie Ihren Urlaubspfleger auf mögliche Eigenarten Ihrer Ratten hin.*

dem Boden leichte Kratz-
geräusche machen.

**? Ich habe im Zoofach-
handel einen Jogging-
ball gesehen. Ist so etwas
nicht sehr praktisch?
Schließlich kann die Ratte
darin nichts annagen.**
Die so genannten Jogging-
bälle sind durchsichtige Plas-
tikbälle, in die man Ratten,
Hamster und andere Tiere
stecken soll, damit sie dann
durch ihre Bewegungen
damit herumrollen. Solche
Spielzeuge sind jedoch absolut kein Ersatz für den Freilauf. Kein Tier kann in diesen
Bällen seine Umwelt erkunden und erschnuppern oder
sich artgerecht darin bewegen. Prädikat: völlig unge-
eignetes Zubehör.

**? Wie befestige ich meine
selbst geschneiderte
Hängematte am besten in
meinem Rattenkäfig?**
Die einfachste Möglichkeit
besteht sicher darin, Bänder
an allen vier Ecken festzu-
nähen und die Hängematte
daran aufzuhängen. Falls Sie
Schwierigkeiten bekommen
sollten, die Knoten wieder zu
lösen, nachdem sich dort ein
paar gewichtige Ratten haben

»hängen lassen«, können Sie
die Matte auch mit Jumbo-
Sicherheitsnadeln ans Gitter
haken. Das spitze Nadelende
darf natürlich nicht für die
Ratten erreichbar sein. Eine
andere trickreiche Methode
ist, die vier Zipfel der Matte
durchs Gitter zu ziehen und
mit großen Gefrierbeutel-
klammern festzuklemmen.

**? Ich benutze für meine
Ratten einen umgebau-
ten Vogelkäfig und die Tör-
chen sind nicht schwer auf-
zubekommen. Da ich gehört
habe, dass Ratten wahre
Ausbruchskünstler sein sollen, frage ich mich, wie ich
den Käfig sicher mache?**
Es gibt wirklich Ratten, die
am liebsten selbst bestimmen,
wann sie zum Freilauf aufbrechen möchten. Und häufig
lernen diese Tiere es tatsächlich, einen einfachen Ver-
schluss aufzudrücken. Ein
Vorhängeschloss müssen Sie
aber zum Glück trotzdem
nicht gleich anschaffen. Benutzen Sie stattdessen einfach
einen Karabinerschnapp-
haken. Den bekommen auch
Ratten nicht auf, denn sie
haben ja – ein Glück für uns –
keinen Daumen, der dazu
notwendig wäre.

MEINE TIPPS FÜR SIE

Monika Lange

Ratten im Sommer

➤ Da Ratten nicht schwitzen
können (→ Seite 6), ver-
tragen sie Sommerhitze nur
schlecht. Abhilfe schaffen
Sie durch eisgefüllte Ge-
fäße oder Eiswürfel zum
Lecken, die Spielzeug und
Abkühlung zugleich sind.

➤ Sorgen Sie unbedingt
dafür, dass sich der Raum,
in dem das Rattenheim
steht, während Ihrer Ur-
laubsabwesenheit nicht zu
sehr aufheizen oder ab-
kühlen kann, denn starke
Temperaturschwankungen
vertragen Ihre Tiere nur
sehr schlecht.

➤ Haben Sie niemanden, der
Ihre Rattenbande während
des Urlaubs in Pflege
nimmt? Fragen Sie doch
einmal in Zoofachgeschäf-
ten, Tierheimen oder bei
Tierärzten herum. Einige
bieten Urlaubspflege für
Heimtiere an.

➤ Rattenclubs organisieren
ebenfalls Urlaubspflege,
wobei dies normalerweise
auf der Basis von Gegen-
seitigkeit geschieht.

Halbfett gesetzte Seitenzahlen
verweisen auf Abbildungen,
U = Umschlagseite.

Adressen

Verbände/Vereine

➤ Rattenzuchtverein in Deutschland e. V. (RZV e. V.), PF 13 08 01, D-20108 Hamburg, www.ratten.de

➤ Verein der Rattenliebhaber und -halter in Deutschland e. V., PF 15 03 24, D-60063 Frankfurt am Main, www.vdrd.de

➤ Bundesarbeitsgruppe Kleinsäuger e. V., Geschäftsstelle: Schulzoo Leipzig e. V., Binzer Str. 14, D-04207 Leipzig (nur Fragen zur Haltung möglich), www.schulzoo.de

Hier erhalten Sie Adressen von Tierarztpraxen, die mit Naturheilverfahren arbeiten:

➤ Gesellschaft für Ganzheitliche Tiermedizin e. V. (GGTM), www.ggtm.de

Für Fragen zu Haltung und Gesundheit von Heimtieren:

➤ Tierschutzzentrum der Tierärztlichen Hochschule Hannover, Bünteweg 2, D-30559 Hannover, www.tierschutzzentrum.de

➤ Deutscher Tierschutzbund e. V., Baumschulallee 15, D-53115 Bonn, www.tierschutzbund.de

Ratten im Internet

Praxistipps und Informationen zu Haltung und Pflege der Nager sowie Buchtipps, Chatforen und vieles mehr finden Sie auf den Internetseiten:

➤ www.ratside.de
➤ www.rattenclub.ch
➤ www.rattcom.org
➤ www.rattenwelt.de
➤ www.RATTE.ch

Informationen über giftige Pflanzen erhalten Sie unter:

➤ www.vetpharm.unizh.ch/perldocs/toxsyqry.htm

Fragen zur Haltung beantworten

Ihr Zoofachhändler und der Zentralverband Zoologischer Fachbetriebe Deutschlands e. V., Tel.: 0 61 03 / 91 07 32, (nur telefonische Auskunft möglich: Mo 12-16 Uhr, Do 8-12 Uhr), www.zzf.de

Bücher

➤ Dreyer, S.: Ihr Hobby, Ratten. Bede Verlag, Ruhmannsfelden

➤ Schmidt, G.: Hamster, Meerschweinchen, Mäuse und andere Nagetiere. Ulmer Verlag, Stuttgart

➤ Rauth-Widmann, B.: Ratten, Mäuse und Rennmäuse als Heimtiere. Verlagshaus Oertel + Spörer, Reutlingen

➤ Ludwig, C.: Kinder brauchen Tiere. VGS Verlagsgesellschaft, Köln

➤ Berghoff, P. C.: Tierärztliche Heimtierpraxis, Bd. 1, Kleine Heimtiere und ihre Erkrankungen. Parey Verlag, Berlin

Zeitschriften

➤ Ein Herz für Tiere. Gong Verlag, Ismaning

➤ Rodentia. Natur und Tier Verlag, Münster

Die Autorin

Monika Lange ist Biologin mit Schwerpunkt Zoologie und arbeitet seit mehreren Jahren als freie Journalistin und als Ratgeber- und Kinderbuch-Autorin. Kleine Nager gehören zu ihren Lieblingstieren, sie hält selbst Ratten und Hamster. Zur Zeit lebt und arbeitet sie in Seattle, unter anderem in einem der führenden Zoos der USA.

Die Fotografin

Christine Steimer hat sich auf die Heim- und Haustierfotografie spezialisiert. Sie arbeitet für internationale Buchverlage, Fachzeitschriften und Werbeagenturen.

> ## GU-Experten-Service

Haben Sie Fragen zu Haltung und Pflege? Dann schreiben Sie uns (bitte Adresse angeben). Unsere Expertin Monika Lange hilft Ihnen gern weiter. Unsere Adresse finden Sie rechts.

Impressum

© 2002 GRÄFE UND UNZER VERLAG GmbH, München. Alle Rechte vorbehalten. Nachdruck, auch auszugsweise, sowie Verbreitung durch Bild, Funk, Fernsehen und Internet, durch fotomechanische Wiedergabe, Tonträger und Datenverarbeitungssysteme jeder Art nur mit schriftlicher Genehmigung des Verlages.

Redaktion: Sibylle Kolb
Lektorat: Dr. Hans W. Kothe
Layout: independent Medien-Design, München
Satz: Uhl + Massopust, Aalen
Produktion: Ute Hausleiter
Repro: Fotolito Longo, Bozen
Druck und Bindung: Kaufmann, Lahr
Printed in Germany
ISBN(10)   3-7742-5582-2
ISBN(13) 978-3-7742-5582-1

Auflage	6.	5.	4.
Jahr	2008	07	06

GRÄFE
UND
UNZER

Ein Unternehmen der
GANSKE VERLAGSGRUPPE

Das Original mit Garantie

Ihre Meinung ist uns wichtig. Deshalb möchten wir Ihre Kritik, gerne aber auch Ihr Lob erfahren. Um als führender Ratgeberverlag für Sie noch besser zu werden. Darum: Schreiben Sie uns! Wir freuen uns auf Ihre Post und wünschen Ihnen viel Spaß mit Ihrem GU-Ratgeber.

Unsere Garantie: Sollte ein GU-Ratgeber einmal einen Fehler enthalten, schicken Sie uns das Buch mit einem kleinen Hinweis und der Quittung innerhalb von sechs Monaten nach dem Kauf zurück. Wir tauschen Ihnen den GU-Ratgeber gegen einen anderen zum gleichen oder ähnlichen Thema um.

GRÄFE UND UNZER VERLAG
Redaktion Haus & Garten
Stichwort: Tierratgeber
Postfach 86 03 25
81630 München
Fax: 0 89/41 98 1-1 13
E-Mail:
leserservice@
graefe-und-unzer.de

Meine Ratten

Namen: _____

So füttere ich sie:

_____

_____

_____

Lieblingsspiele und Spielzeug:

_____

_____

_____

So wollen sie gepflegt werden:

_____

_____

_____

Das sind ihre Eigenheiten:

_____

_____

_____

Besondere Kennzeichen:

_____

_____

_____

Das ist ihr Tierarzt:

_____

_____

_____

GU TIERRATGEBER

damit es Ihrem Heimtier gut ge.

ISBN (10)   3-7742-5583-0
ISBN (13) 978-3-7742-5583-8
64 Seiten | € 7,90 [D]

ISBN (10)   3-7742-5586-5
ISBN (13) 978-3-7742-5586-9
64 Seiten | € 7,90 [D]

ISBN (10)   3-7742-3810-3
ISBN (13) 978-3-7742-3810-7
64 Seiten | € 7,90 [D]

ISBN (10)   3-7742-3839-1
ISBN (13) 978-3-7742-3839-8
64 Seiten | € 7,90 [D]

ISBN (10)   3-7742-3957-6
ISBN (13) 978-3-7742-3957-9
64 Seiten | € 7,90 [D]

Tierisch gut! Die Welt der Heimtiere entdecken und alles erfahren, was man schon immer über sie wissen wollte. So klappt das Miteinander von Anfang an – mit Wohlfühl-Garantie fürs Tier.

WEITERE LIEFERBARE TITEL BEI GU:

➤ **GU TIERRATGEBER: Mäuse, Zwergkaninchen, Meerschweinchen, Frettchen, Unser Welpe, Zebrafinken und viele mehr**

Änderungen und Irrtum vorbehalten.

Willkommen im Leben.

GESELLSCHAFT

Ratten fühlen sich nur in der **Gesellschaft von Artgenossen** richtig wohl. Daher sollten sie unbedingt **mindestens zwei Tiere** halten. Nach oben ist die Gruppengröße dagegen nur durch das Platzangebot in Ihrer Wohnung begrenzt.

Wohlfühl-Garantie für Ratten

SICHERHEIT

Überprüfen Sie Käfig, Einrichtung und Spielzeug regelmäßig auf ihren Zustand, damit sich die Tiere nicht klemmen oder auf andere Weise **verletzen** können. Außerdem sollten Sie darauf achten, dass der Käfig stets **fest verschlossen** ist.

GESUNDES FUTTER

Eine artgerecht Ernährung sorgt dafür, dass Ratten **seltener krank werden** und länger leben. Da besonders übergewichtige Tiere unter vielerlei Beschwerden zu leiden haben, sollte das Verfüttern von gehaltvollen Leckerli sehr kontrolliert geschehen.

HYGIENE

Auch Sauberkeit spielt eine wichtige Rolle bei der **Gesunderhaltung** Ihrer Tiere. Daher sollten Sie die **wöchentliche Reinigung** des Käfigs fest in Ihre Planungen einbeziehen und Frischfutter täglich aus dem Rattenheim entfernen, bevor es dort verschimmelt.